AF193506

LAS PLEGARIAS EUCARÍSTICAS

CPL
editorial

Centre de Pastoral Litúrgica de Barcelona
Colección "Celebrar"
–84–

Director de la colección Celebrar: Joan Obach

Publicación preparada por Jaume Fontbona y Josep Lligadas

Diseño de la cubierta: Mercè Solé

© Edita: CENTRE DE PASTORAL LITÚRGICA
Diputació 231 – 08007 Barcelona
Tel. (+34) 933 022 235 – (+34) 619 741 047
cpl@cpl.es – www.cpl.es

Primera edición: enero de 2012
Segunda edición: noviembre de 2024

ISBN: 978-84-9165-662-3
Depósito legal: B 23179-2024

Printed in UE

Imprime: Safekat, S. L.

Cualquier forma de reproducción, distribución, comunicación pública o transformación de esta obra solo puede ser realizada con la autorización de sus titulares, salvo excepción prevista por la ley. Diríjase a CEDRO (Centro Español de Derechos Reprográficos) si necesita fotocopiar o escanear algún fragmento de esta obra (www.conlicencia.com; 91 702 19 70 / 93 272 04 47).

bien recordará Jesús de Nazaret, se resumen en el amor a Dios y al prójimo. Y para lograr ambas cosas, nada mejor que contemplar la propia muerte, así como la de los demás, pues la muerte es la gran escuela de la vida. Durante el camino del Éxodo, los israelitas se enfrentaron al miedo a la muerte a diario: «Los israelitas se enojaron con Moisés y Aarón y toda la comunidad les dijo: "¿Por qué no morimos mejor en Egipto? ¿Por qué no morimos mejor en el desierto?"» (Núm 14,2), hasta que lograron aceptar que la muerte formaba parte del camino de la vida y que no había que huir de ella.

El relato del Éxodo enseña que no puede vivir quien vive con miedo a morir. Ante el pavor frente a la muerte, solamente cabe su aceptación serena y confiada. Antes de su propia muerte, Moisés anima a su sucesor, Josué, a proseguir el camino que Dios le había indicado, sin miedo ni temor: «Después de esto, Moisés llamó a Josué y le dijo en presencia de todo Israel: "Sé valiente y firme, tú entrarás con este pueblo en la tierra que Yavé, hablando a sus padres, juró darles [...]. Yavé irá delante de ti. Él estará contigo; no te dejará ni te abandonará. No temas, pues, ni te desanimes"» (Dt 31,7-8).

Muertos en el desierto, desaparecidos sus restos mortales, pero vivos en la memoria de su pueblo. La muerte, destino inevitable de todo ser humano, tan solo viene a completar nuestro propio camino por el desierto de la vida y, así, culminar el éxodo de este mundo hacia el reencuentro con el Dios creador, el Dios de la Vida. Una vez purificados de toda tentación, liberados de las dudas y de los sueños efímeros, abandonados en la fe y la confianza en el Dios rico en misericordia, llenos los corazones de la esperanza y del amor, el autor bíblico nos exhorta: «Escoge la vida, para que vivas, tú y tu descendencia, amando a Yavé, tu Dios, escuchando su voz, viviendo unido a Él; pues en eso está tu vida, así como la prolongación de tus días mientras habites en la tierra que Yavé juró dar a tus padres Abraham, Isaac y Jacob» (Dt 30,19-20).

Dedicado a todas las personas que han sembrado en mí el amor por la Escritura, en especial a Josep Rius-Camps por introducirnos en el mundo de la interpretación bíblica cuando éramos jóvenes; a Tim Redmond, SPS, quien me transmitió su pasión por el Pentateuco, y a Aelred Lacomara, CP (e.p.d.) por acercarme a la teología paulina.

Índice

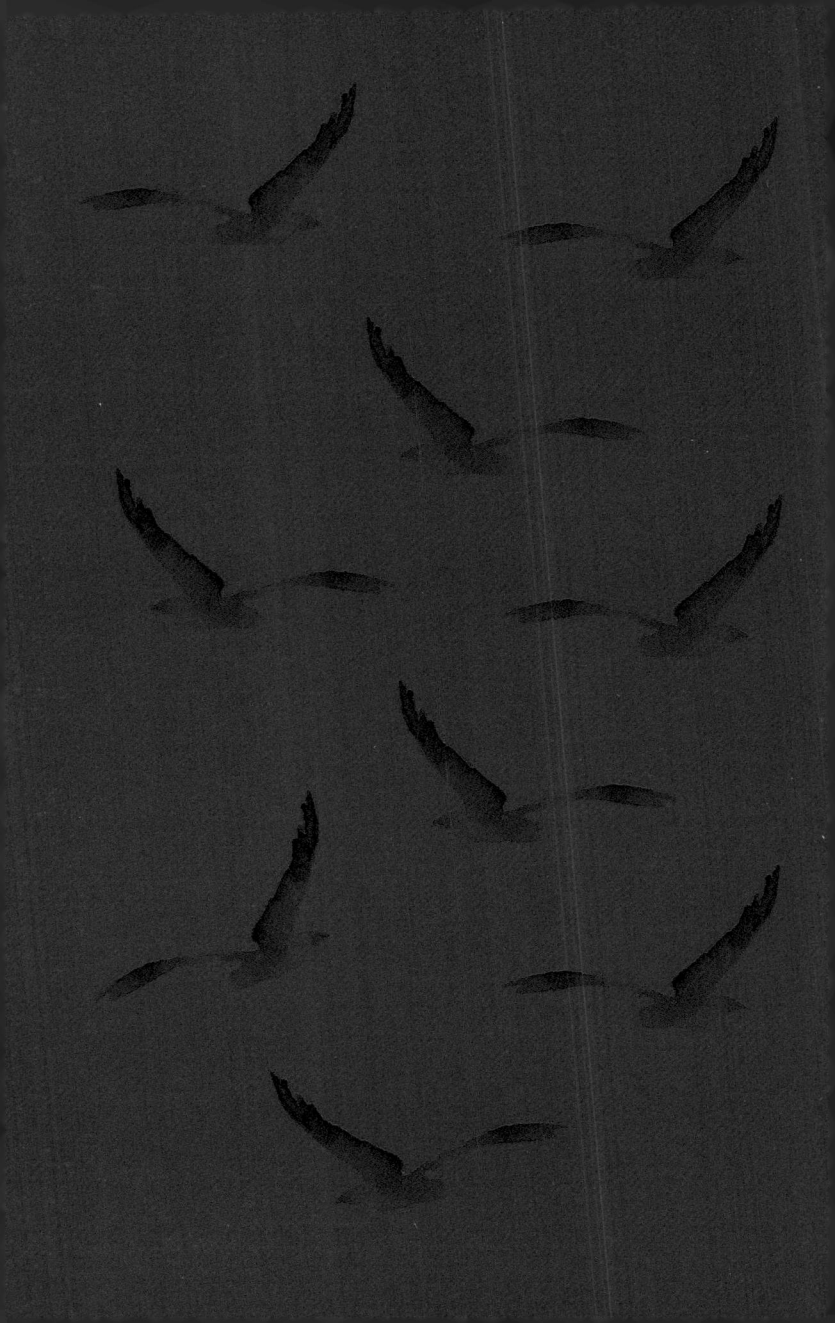

Sumario

CONOCER LA PLEGARIA EUCARÍSTICA, ORAR CON LA PLEGARIA EUCARÍSTICA

La plegaria eucarística es la parte central de la misa. En ella, dando gracias al Padre e invocando al Espíritu, repetimos los gestos y las palabras de Jesús en la Última Cena, para que el pan y el vino que hemos puesto sobre el altar se transformen en su Cuerpo y su Sangre, la presencia de su muerte y su resurrección para darnos vida.

La plegaria eucarística empieza con el diálogo inicial del prefacio ("El Señor esté con vosotros… Levantemos el corazón…"), se acaba con el Amén de toda la asamblea después de "Por Cristo, con él y en él…".

Hay que valorar mucho esta parte central de la celebración. Seguramente bastante más de lo que acostumbramos a valorarla. Porque, a veces, después de la atención que hemos prestado a las lecturas, a la homilía, a la oración universal, la plegaria eucarística pasa casi desapercibida. Y no. Tenemos que seguirla atentamente para que sea de verdad plegaria nuestra, tenemos que conocer mejor su sentido y su estructura, el presidente de la celebración tiene que proclamarla de manera viva y significativa, tenemos que intervenir con la aclamación y el canto.

Este librito quiere ayudar a conocer mejor las plegarias eucarísticas, a penetrar en ellas, a hacerlas motivo de reflexión y oración. Por eso, en primer lugar ofrecemos una presentación del origen de la plegaria eucarística y de las partes principales que acostumbra a tener.

Ofrecemos las plegarias eucarísticas de la tercera edición típica del Misal en lengua española. Contiene los diálogos e intervenciones del celebrante y de los fieles que son comunes a todas las celebraciones.

QUÉ ES Y CÓMO ES LA PLEGARIA EUCARÍSTICA

De dónde viene la plegaria eucarística

El Jueves Santo, en la Última Cena con sus discípulos, Jesús convirtió la liturgia familiar que era aquella cena religiosa y festiva que celebraba el pueblo judío, en una "nueva cena", que sería la Eucaristía de su Iglesia.

La cena judía era una comida de acción de gracias y de alabanza a Dios por toda la obra salvadora que él había realizado con su pueblo. Y allí, en aquella cena de acción de gracias, Jesús hace presente una nueva acción de gracias para la "nueva alianza", la salvación definitiva que vendrá por su muerte y resurrección.

Jesús, dicen los relatos evangélicos, toma el pan, da gracias, lo parte y lo reparte. Y toma la copa de vino, da gracias, y la pasa a sus discípulos. Eso es la plegaria eucarística: esta plegaria de acción de gracias con el pan y el vino que Jesús realiza y que encomienda a sus seguidores que continúen realizando, para que aquel pan y aquel vino sean, para siempre, su presencia viva, su alimento para el camino.

Los discípulos, inmediatamente después de la resurrección del Señor, vuelven a reunirse y repiten esta acción que él les habría encomendado. Se reúnen para relatar los hechos de la vida de Jesús y para escuchar la enseñanza de los apóstoles, y, después de esta parte de la "Palabra", renuevan aquello mismo que Jesús dijo e hizo: pronuncian la acción de gracias sobre el pan y el vino, hacen la Eucaristía ("Eukharistía", en griego, quiere decir acción de gracias), y reconocen en aquel pan y aquel vino la presencia viva del Señor, que se les muestra como alimento para el camino. La escena tan conocida de los discípulos de Emaús (Lucas 24,13-35) es significativa de lo que todo esto quería decir para aquellos primeros cristianos. Y también el relato de los Hechos de los Apóstoles 2,42-47.

Y lo mismo hacemos nosotros. Nosotros también nos hemos seguido reuniendo, convocados por el Señor, para escuchar la Palabra y para, después, repetir aquella plegaria de acción de gracias en la cual, por la invocación del Espíritu, el pan y el vino se transforman en Cuerpo y Sangre de Jesús, fuente de vida para todos.

Para proclamarla mejor

El presidente de la celebración, en nombre de Jesús, proclama la plegaria. Su tono de voz, sus gestos, la vibración que le dé, serán importantes para hacer que la asamblea sienta más fácilmente aquella plegaria como suya, y se pueda unir de corazón a ella.

Igualmente serán importantes los momentos en que la asamblea manifiesta esta adhesión con la aclamación y el canto. Siempre que se pueda, y especialmente en aquellas celebraciones en que se canta mucho, hay que hacer que las aclamaciones de la plegaria eucarística sean también cantadas. Si no, la importancia que la plegaria eucarística tiene quedaría muy disminuida: si se canta en todos los demás momentos de la celebración y en la plegaria eucarística no, ¡quiere decir que este momento es menos importante que los demás! Es conveniente cantar, pues, el diálogo inicial antes del prefacio, el Santo, la aclamación del memorial, y el Amén final. Y también, cuando se pueda, convendrá que el presidente de la celebración cante todo el prefacio entero, porque es la proclamación solemne de los motivos de alabanza y acción de gracia a Dios.

También será importante, aunque parezca que no, la manera cómo se tenga dispuesto el altar y cómo se depositen las cestas para el pan y el cáliz para el vino. Si el altar está lleno de utensilios diversos que tapan las patenas o cestas del pan y el cáliz, y, si las patenas o cestas y el cáliz no están dispuestos de manera que sean el centro de atención de la asamblea, se ayudará poco a esta unión de todos en la plegaria eucarística.

Y, en definitiva, será importante que cada uno de los miembros de la asamblea, de verdad, haga suyas las palabras que proclama el presidente e intervenga comunitariamente con las aclamaciones y los cantos. En este librito ponemos en letra normal el texto que le corresponde proclamar al celebrante, en letra negrita las intervenciones de la asamblea, y en cursiva las explicaciones.

Las partes de la plegaria eucarística

No todas las plegarias eucarísticas tienen exactamente la misma estructura. Es decir, que las plegarias eucarísticas no están hechas a base de una especie de apartados que van uno detrás del otro y que son siempre los mismos. Sino que son plegarias con un ritmo propio cada una de ellas, con un conjunto bien trabado.

Aun así, hay unas coincidencias fundamentales en todas ellas, unas partes básicas que se van repitiendo, y que forman los elementos claves de la plegaria. Estas partes básicas son las siguientes:

1. La plegaria eucarística se introduce con el **diálogo inicial** entre el presidente y la asamblea, que se unen para elevar el corazón a Dios e invitarse mutuamente en la acción de gracias: "Levantemos el corazón... Demos gracias al Señor, nuestro Dios... Es justo y necesario".

2. La plegaria eucarística empieza con el **prefacio**. El prefacio es como un himno inicial que proclama *nuestros motivos para dar gracias a Dios*. En algunas plegarias eucarísticas el prefacio es siempre el mismo, mientras que en otras es variable. Para estos casos en que es variable, hay un conjunto de prefacios diversos que se eligen según el tiempo y según se considera oportuno en cada ocasión, y que subrayan aspectos determinantes de las obras de amor que Dios ha realizado y realiza para los hombres: obras de amor que se sintetizan todas ellas en la vida nueva que nos ha llegado por Jesucristo. El prefacio se acaba con el canto de alabanza de toda la asamblea, que aclama la fuerza y la grandeza de Dios: es el canto del **Santo, Santo, Santo**.

3. El segundo momento básico de la plegaria eucarística es la *invocación del Espíritu Santo*, que, según la palabra griega empleada por los primeros cristianos, llamamos

epíclesis. Invocamos la venida del Espíritu Santo sobre el pan y el vino, para que se conviertan para nosotros en el Cuerpo y la Sangre de Jesucristo. Porque sabemos que es el Espíritu de Dios quien realiza –hace verdad– lo que la Iglesia no podría conseguir con palabras humanas. En este momento, el celebrante, como signo de esta invocación, extiende las manos sobre el pan y el vino.

4. El centro de la plegaria eucarística es el *relato de lo que hizo Jesús* en la Última Cena, lo que encomienda repetir a sus discípulos para "anunciar su muerte hasta que vuelva". Y lo que Jesús hizo, ahora vuelve a ser verdad, ahora vuelve a ser realidad. Por eso hablamos de **narración de la institución y consagración**: el pan y el vino se convierten en "sagrados", porque –sacramentalmente– *son* el Cuerpo y la Sangre del Señor. Este momento central de la plegaria eucarística es vivido, por todos los que participan en ella, con una especial atención, con una especial veneración. E inmediatamente toda la asamblea, con nuestra **aclamación,** proclamaremos nuestra fe en Cristo vivo: "Anunciamos tu muerte, proclamamos tu resurrección. ¡Ven, Señor Jesús!" (u otra aclamación semejante).

5. Jesucristo no está presente entre nosotros de manera pasiva, sino de manera activa: él *renueva su ofrenda amoroso* al Padre por nosotros. Por eso la Iglesia reunida *hace memoria* –lo llamamos el **memorial**– del momento culminante de la entrega de Jesús: de su pasión, muerte y resurrección, en espera de su venida final. Y mientras hacemos este recuerdo vivo y real, nos ofrecemos nosotros también al Padre, unidos con Jesucristo aquí presente.

6. Para que todo lo que significa la Eucaristía sea verdad, sea realidad también en nosotros, después del memorial *pedimos la venida del Espíritu Santo a nosotros:* pedimos que el Espíritu Santo nos santifique, es decir, nos haga fieles a nuestro seguimiento de Jesús para vivir en comunión de corazón y de obras con Dios. Es la **segunda epíclesis**, que esta vez no es sobre el pan y el vino, sino sobre nosotros, sobre la asamblea reunida.

7. La última parte de la plegaria eucarística se convierte en *petición ante Dios*. Son las **plegarias de intercesión**. Confiados en la fuerza de vida que nos viene de Jesucristo, rogamos al Padre por toda la Iglesia, con el Papa, con nuestro obispo y con todos los cristianos y cristianas; igualmente, rogamos de manera muy concreta por los difuntos, para que todos vivan en unión de vida feliz con Dios; y miramos, también, hacia todos los hombres y mujeres, para que a todos llegue la salvación. Todo eso lo pedimos en comunión con la Iglesia del cielo, con todos aquellos que han llegado ya a la plenitud de vida que es Dios: María, los apóstoles, los que a lo largo de todos los tiempos han sido fieles al camino de amor del Evangelio.

8. La plegaria eucarística se acaba con una **aclamación de alabanza** a Dios el Padre, por Jesucristo, unidos con el Espíritu. El pan y el vino, la presencia viva de Jesucristo, elevados gozosamente, hacen más visible esta aclamación de alabanza. Y entonces todos, con convencimiento y con fuerza, decimos –y siempre que es posible, cantamos– nuestro **Amén**, como adhesión a toda la plegaria que el presidente de la celebración ha proclamado, porque lo ha hecho en nombre de la Iglesia, es decir, de todos y cada uno de nosotros.

PLEGARIA EUCARÍSTICA I
O CANON ROMANO

Esta plegaria eucarística es la única que se utilizaba en la Iglesia de Occidente hasta hace poco, hasta el año 1970. Y tiene unos quince siglos de antigüedad: ¡con ella han rezado generaciones y generaciones de creyentes! Es conocida con el nombre de "canon romano", que quiere decir norma propia de la Iglesia romana.

A diferencia de las otras plegarias eucarísticas que tienen un esquema más claro, en esta se mezclan más los diferentes momentos y aspectos propios de toda plegaria eucarística: por ejemplo, hay plegarias de intercesión tanto antes como después de la narración de la institución y consagración (en las otras plegarias eucarísticas, las plegarias de intercesión están todas juntas al final).

> *Diálogo inicial de invitación mutua a la alabanza y la acción de gracias.*

El Señor esté con vosotros.
Y con tu espíritu.

Levantemos el corazón.
Lo tenemos levantado hacia el Señor.

Demos gracias al Señor, nuestro Dios.
Es justo y necesario.

> *Prefacio. Nuestra acción de gracias al Padre por la vida nueva que nos viene de Jesucristo. (En esta plegaria eucarística, el prefacio cambia según los*

días. Aquí transcribimos el prefacio I de los domingos del tiempo ordinario).

En verdad es justo y necesario, es nuestro deber y salvación darte gracias siempre y en todo lugar, Señor, Padre santo, Dios todopoderoso y eterno, por Cristo, Señor nuestro.

Quien, por su Misterio pascual, realizó la obra maravillosa de llamarnos de la esclavitud del pecado y de la muerte, al honor de ser estirpe elegida, sacerdocio real, nación consagrada, pueblo de su propiedad, para que, trasladados de las tinieblas a tu luz admirable, proclamemos ante el mundo tus maravillas.

Por eso, con los ángeles y arcángeles, tronos y dominaciones, y con todos los coros celestiales, cantamos sin cesar el himno de tu gloria:

Aclamación al Dios santo y fuente de todo bien, unidos a los coros celestiales y a todo el universo.

Santo, Santo, Santo es el Señor,
Dios del Universo.
Llenos están el cielo y la tierra de tu gloria.
Hosanna en el cielo.
Bendito el que viene en nombre del Señor.
Hosanna en el cielo.

Plegarias de intercesión. Oramos para que Dios acepte el pan y el vino que hemos presentado, y pedimos por la Iglesia y por la asamblea reunida, en unción con los santos.

Padre misericordioso, te pedimos humildemente por Jesucristo, tu Hijo, nuestro Señor, que aceptes y bendigas estos dones, este sacrificio santo y puro que te ofrecemos, ante todo, por tu Iglesia santa y católica, para que le concedas la paz, la protejas, la congregues en la unidad y la gobiernes en el mundo entero, con tu servidor el papa N., con nuestro obispo N., y todos los demás obispos que, fieles a la verdad, promueven la fe católica y apostólica.

Acuérdate, Señor, de tus hijos N. y N. y de todos los aquí reunidos, cuya fe y entrega bien conoces; por ellos y todos los suyos, por el perdón de sus pecados y la salvación que esperan, te ofrecemos, y ellos mismos te ofrecen, este sacrificio de alabanza, a ti, eterno Dios, vivo y verdadero.

Reunidos en comunión con toda la Iglesia, veneramos la memoria, ante todo, de la gloriosa siempre Virgen María, Madre de Jesucristo, nuestro Dios y Señor; la de su esposo, san José; la de los santos apóstoles y mártires Pedro y Pablo, Andrés, [Santiago y Juan, Tomás, Santiago, Felipe, Bartolomé, Mateo, Simón y Tadeo; Lino, Cleto, Clemente, Sixto, Cornelio, Cipriano, Lorenzo, Crisógono, Juan y Pablo, Cosme y Damián] y la de todos los santos; por sus méritos y oraciones concédenos en todo tu protección.

Acepta, Señor, en tu bondad, esta ofrenda de tus siervos y de toda tu familia santa; ordena en tu paz nuestros días, líbranos de la condenación eterna y cuéntanos entre tus elegidos.

> *Epíclesis. Invocamos la fuerza santificadora de Dios (el Espíritu de Dios) para que el pan y el vino se conviertan en el Cuerpo y la Sangre de Jesucristo.*

Bendice y santifica esta ofrenda, Padre, haciéndola perfecta, espiritual y digna de ti: que se convierta para nosotros en el Cuerpo y la Sangre de tu Hijo amado, Jesucristo, nuestro Señor.

> *Narración de la institución y consagración. El relato de la Última Cena y la repetición de las palabras de Jesús lo hacen presente entre nosotros con su Cuerpo y su Sangre.*

El cual, la víspera de su Pasión, tomó pan en sus santas y venerables manos, y, elevando los ojos al cielo, hacia ti, Dios, Padre suyo todopoderoso, dando gracias te bendijo, lo partió, y lo dio a sus discípulos, diciendo:

Tomad y comed todos de él,
porque esto es mi Cuerpo,
que será entregado por vosotros.

Del mismo modo, acabada la cena, tomó este cáliz glorioso en sus santas y venerables manos, dando gracias te bendijo y lo dio a sus discípulos, diciendo:

Tomad y bebed todos de él,
porque este es el cáliz de mi Sangre,

Sangre de la alianza nueva y eterna,
que será derramada
por vosotros y por muchos
para el perdón de los pecados.
Haced esto en conmemoración mía.

Aclamación al Señor muerto y resucitado.

Este es el Sacramento de nuestra fe. (*O bien:* Este es el Misterio de la fe).

**Anunciamos tu muerte,
proclamamos tu resurrección.
¡Ven, Señor Jesús!**

O bien:

Aclamemos el Misterio de la fe.

**Cada vez que comemos de este pan
y bebemos de este cáliz,
anunciamos tu muerte, Señor,
hasta que vuelvas.**

O bien:

Proclamemos el Misterio de la fe.

**Sálvanos, Salvador del mundo,
que nos has liberado por tu cruz y resurrección.**

> *Memorial. Hacemos memoria de la donación de Jesús (su muerte y resurrección) y ofrecemos estos dones en los que él renueva su entrega amorosa. A esa entrega se unen todos los justos*

de la historia, comenzando por Abel, hasta la ple-
nitud del altar del cielo.

Por eso, Padre, nosotros, tus siervos, y todo tu pueblo santo,
al celebrar este memorial de la muerte gloriosa de Jesucristo, tu Hijo, nuestro Señor, de su santa resurrección del lugar de los muertos y de su admirable ascensión a los cielos,
te ofrecemos, Dios de gloria y majestad, de los mismos bienes que nos has dado, el sacrificio puro, inmaculado y santo: pan de vida eterna y cáliz de eterna salvación.

Mira con ojos de bondad esta ofrenda y acéptala, como aceptaste los dones del justo Abel, el sacrificio de Abrahán, nuestro padre en la fe, y la oblación pura de tu sumo sacerdote Melquisedec.

Segunda epíclesis. Oremos para que la ofrenda
llevada al cielo santifique y bendiga a los que par-
ticiparán de ella.

Te pedimos humildemente, Dios todopoderoso, que esta ofrenda sea llevada a tu presencia, hasta el altar del cielo, por manos de tu ángel, para que cuantos recibimos el Cuerpo y la Sangre de tu Hijo, al participar aquí de este altar, seamos colmados de gracia y bendición.

Plegarias de intercesión. Pedimos por los difuntos
y por nosotros mismos, en unión con los santos.

Acuérdate también, Señor, de tus hijos [N. y N.], que nos han precedido con el signo de la fe y duermen ya el sueño de la paz.
A ellos, Señor, y a cuantos descansan en Cristo, concédeles el lugar del consuelo, de la luz y de la paz.

Y a nosotros, pecadores, siervos tuyos, que confiamos en tu infinita misericordia, admítenos en la asamblea de los santos apóstoles y mártires Juan el Bautista, Esteban, Matías y Bernabé, [Ignacio, Alejandro, Marcelino y Pedro, Felicidad y Perpetua, Águeda, Lucía, Inés, Cecilia, Anastasia,] y de todos los santos; y acéptanos en su compañía, no por nuestros méritos, sino conforme a tu bondad.

Por Cristo, Señor nuestro. Por quien sigues creando todos los bienes, los santificas, los llenas de vida, los bendices y los repartes entre nosotros.

Aclamación final de alabanza.

Por Cristo, con él y en él, a ti, Dios Padre omnipotente, en la unidad del Espíritu Santo, todo honor y toda gloria por los siglos de los siglos.

Adhesión final de toda la asamblea.

Amén.

PLEGARIA EUCARÍSTICA II

La plegaria eucarística II proviene de una fuente todavía más antigua que la primera. Se trata de una plegaria redactada por el presbítero romano Hipólito a principios del siglo tercero, es decir, cuando se empezaban a poner por escrito los formularios litúrgicos. Luego, la plegaria de Hipólito dejó de utilizarse, hasta que ahora, con motivo del concilio Vaticano II, este texto venerable sirvió de base para elaborar esta nueva plegaria eucarística.

La plegaria eucarística II es la más breve y sencilla de todas, y se limita a los elementos básicos que toda plegaria eucarística debe tener.

> *Diálogo inicial de invitación mutua a la alabanza y la acción de gracias.*

El Señor esté con vosotros.
Y con tu espíritu.

Levantemos el corazón.
Lo tenemos levantado hacia el Señor.

Demos gracias al Señor, nuestro Dios.
Es justo y necesario.

> *Prefacio. Nuestra acción de gracias al Padre por la salvación que nos ha alcanzado Jesucristo. (Este prefacio se puede cambiar según los días).*

En verdad es justo y necesario, es nuestro deber y salvación darte gracias, Padre santo, siempre y en todo lugar, por Jesucristo, tu Hijo amado.

Por él, que es tu Verbo, hiciste todas las cosas; tú nos lo enviaste para que, hecho hombre por obra del Espíritu Santo y nacido de María, la Virgen, fuera nuestro Salvador y Redentor.

Él, en cumplimiento de tu voluntad, para destruir la muerte y manifestar la resurrección, extendió sus brazos en la cruz, y así adquirió para ti un pueblo santo.

Por eso, con los ángeles y con todos los santos, proclamamos tu gloria, diciendo a una sola voz:

Aclamación al Dios santo y fuente de todo bien, unidos a los coros celestiales y a todo el universo.

**Santo, Santo, Santo es el Señor,
Dios del Universo.
Llenos están el cielo y la tierra de tu gloria.
Hosanna en el cielo.
Bendito el que viene en nombre del Señor.
Hosanna en el cielo.**

Santo eres en verdad, Señor, fuente de toda santidad;

Epíclesis. Invocación para que el Espíritu Santo descienda sobre el pan y el vino de manera que sean para nosotros Cuerpo y Sangre de Jesucristo.

por eso te pedimos que santifiques estos dones con la efusión de tu Espíritu,
de manera que se conviertan para nosotros en el Cuerpo y la Sangre de Jesucristo, nuestro Señor.

Narración de la institución y consagración. El relato de la Última Cena y la repetición de las palabras de Jesús lo hacen presente entre nosotros con su Cuerpo y su Sangre.

El cual, cuando iba a ser entregado a su pasión, voluntariamente aceptada,
tomó pan, dándote gracias, lo partió y lo dio a sus discípulos, diciendo:

Tomad y comed todos de él,
porque esto es mi Cuerpo,
que será entregado por vosotros.

Del mismo modo, acabada la cena, tomó el cáliz, y, dándote gracias de nuevo, lo pasó a sus discípulos, diciendo:

Tomad y bebed todos de él,
porque este es el cáliz de mi Sangre,
Sangre de la alianza nueva y eterna,
que será derramada
por vosotros y por muchos
para el perdón de los pecados.

Haced esto en conmemoración mía.

Aclamación al Señor muerto y resucitado.

Este es el Sacramento de nuestra fe. (*O bien:* Este es el Misterio de la fe).

**Anunciamos tu muerte,
proclamamos tu resurrección.
¡Ven, Señor Jesús!**

O bien:

Aclamemos el Misterio de la fe.

**Cada vez que comemos de este pan
y bebemos de este cáliz,
anunciamos tu muerte, Señor,
hasta que vuelvas.**

O bien:

Proclamemos el Misterio de la fe.

**Sálvanos, Salvador del mundo,
que nos has liberado por tu cruz y resurrección.**

> *Memorial. Hacemos memoria de la donación de Jesucristo (su muerte y resurrección) y ofrecemos estos dones en los que él renueva su entrega amorosa.*

Así, pues, Padre, al celebrar ahora el memorial de la muerte y resurrección de tu Hijo,
te ofrecemos el pan de vida y el cáliz de salvación, y te damos gracias porque nos haces dignos de servirte en tu presencia.

> *Segunda epíclesis. Invocación para que el Espíritu nos congregue y nos una.*

Te pedimos humildemente que el Espíritu Santo congregue en la unidad a cuantos participamos del Cuerpo y la Sangre de Cristo.

Plegarias de intercesión. Pedimos por la Iglesia, por los difuntos y por nosotros, en unión con los santos.

Acuérdate, Señor, de tu Iglesia extendida por toda la tierra; y con el papa N., con nuestro obispo N. y todos los pastores que cuidan de tu pueblo, llévala a su perfección por la caridad.

Acuérdate también de nuestros hermanos que durmieron en la esperanza de la resurrección, y de todos los que han muerto en tu misericordia; admítelos a contemplar la luz de tu rostro.

Ten misericordia de todos nosotros, y así, con María, la Virgen Madre de Dios, su esposo san José, los apóstoles y cuantos vivieron en tu amistad a través de los tiempos, merezcamos, por tu Hijo Jesucristo, compartir la vida eterna y cantar tus alabanzas.

Aclamación final de alabanza.

Por Cristo, con él y en él, a ti, Dios Padre omnipotente, en la unidad del Espíritu Santo, todo honor y toda gloria por los siglos de los siglos.

Adhesión final de toda la asamblea.

Amén.

PLEGARIA EUCARÍSTICA III

Esta plegaria es de composición actual, a raíz de la reforma litúrgica del concilio Vaticano II, y sigue el esquema de la plegaria segunda, ampliándolo.

En esta plegaria se destaca más que en las otras la presencia del Espíritu Santo, y se resalta especialmente que en la ofrenda que nosotros presentamos como Iglesia se hace presente la misma ofrenda de Jesucristo en la cruz.

> *Diálogo inicial de invitación mutua a la alabanza y la acción de gracias.*

El Señor esté con vosotros.
Y con tu espíritu.

Levantemos el corazón.
Lo tenemos levantado hacia el Señor.

Demos gracias al Señor, nuestro Dios.
Es justo y necesario.

> *Prefacio. Nuestra acción de gracias al Padre porque cada domingo nos convoca a celebrar la Eucaristía. (En esta plegaria eucarística, el prefacio cambia según los días. Aquí transcribimos el prefacio X de los domingos del tiempo ordinario).*

En verdad es justo bendecirte y darte gracias, Padre santo, fuente de la verdad y de la vida, porque nos has convocado en tu casa en este domingo.

Hoy, tu familia, reunida en la escucha de tu palabra y en la comunión del pan de vida único y partido, celebra el memorial del Señor resucitado, mientras espera el domingo sin ocaso en el que la humanidad entera entrará en tu descanso. Entonces contemplaremos tu rostro y alabaremos por siempre tu misericordia.

Con esta gozosa esperanza, y unidos a los ángeles y a los santos, cantamos unánimes el himno de tu gloria:

Aclamación al Dios santo y fuente de todo bien, unidos a los coros celestiales y a todo el universo.

Santo, Santo, Santo es el Señor,
Dios del Universo.
Llenos están el cielo y la tierra de tu gloria.
Hosanna en el cielo.
Bendito el que viene en nombre del Señor.
Hosanna en el cielo.

Nueva acción de gracias por la salvación de Dios.

Santo eres en verdad, Padre, y con razón te alaban todas tus criaturas,
ya que por Jesucristo, tu Hijo, Señor nuestro, con la fuerza del Espíritu Santo, das vida y santificas todo, y congregas a tu pueblo sin cesar, para que ofrezca en tu honor un sacrificio sin mancha desde donde sale el sol hasta el ocaso.

Epíclesis. Invocación para que el Espíritu descienda sobre el pan y el vino, de manera que sean Cuerpo y Sangre de Jesucristo.

Por eso, Padre, te suplicamos que santifiques por el mismo Espíritu estos dones que hemos separado para ti,

de manera que se conviertan en el Cuerpo y la Sangre de Jesucristo, Hijo tuyo y Señor nuestro, que nos mandó celebrar estos misterios.

Narración de la institución y consagración. El relato de la Última Cena y la repetición de las palabras de Jesús lo hacen presente entre nosotros con su Cuerpo y su Sangre.

Porque él mismo, la noche en que iba a ser entregado, tomó pan, y dando gracias te bendijo, lo partió y lo dio a sus discípulos, diciendo:

Tomad y comed todos de él,
porque esto es mi Cuerpo,
que será entregado por vosotros.

Del mismo modo, acabada la cena, tomó el cáliz, dando gracias te bendijo, y lo pasó a sus discípulos, diciendo:

Tomad y bebed todos de él,
porque este es el cáliz de mi Sangre,
Sangre de la alianza nueva y eterna,
que será derramada
por vosotros y por muchos
para el perdón de los pecados.

Haced esto en conmemoración mía.

Aclamación al Señor muerto y resucitado.

Este es el Sacramento de nuestra fe. (*O bien:* Este es el Misterio de la fe).

**Anunciamos tu muerte,
proclamamos tu resurrección.
¡Ven, Señor Jesús!**

O bien:

Aclamemos el Misterio de la fe.

**Cada vez que comemos de este pan
y bebemos de este cáliz,
anunciamos tu muerte, Señor,
hasta que vuelvas.**

O bien:

Proclamemos el Misterio de la fe.

**Sálvanos, Salvador del mundo,
que nos has liberado por tu cruz y resurrección.**

> *Memorial. Hacemos memoria de la donación de Jesucristo (su muerte y su resurrección) y, mientras esperamos la vida plena de su retorno, ofrecemos estos dones en los que él renueva su entrega amorosa.*

Así, pues, Padre, al celebrar ahora el memorial de la pasión salvadora de tu Hijo, de su admirable resurrección y ascensión al cielo, mientras esperamos su venida gloriosa,
te ofrecemos, en esta acción de gracias, el sacrificio vivo y santo.

Segunda epíclesis. Invocación para que Dios reconozca en esta ofrenda la donación de Jesucristo en la cruz, y para que, por el Espíritu, nos una en un solo cuerpo.

Dirige tu mirada sobre la ofrenda de tu Iglesia, y reconoce en ella la Víctima por cuya inmolación quisiste devolvernos tu amistad,
para que, fortalecidos con el Cuerpo y la Sangre de tu Hijo y llenos de su Espíritu Santo, formemos en Cristo un solo cuerpo y un solo espíritu.

Plegarias de intercesión. Pedimos por nosotros, por la paz y la salvación del mundo, por la Iglesia, y por todos los hombres.

Que él nos transforme en ofrenda permanente, para que gocemos de tu heredad junto con tus elegidos: con María, la Virgen Madre de Dios, su esposo san José, los apóstoles y los mártires, y todos los santos, por cuya intercesión confiamos obtener siempre tu ayuda.

Te pedimos, Padre, que esta Víctima de reconciliación traiga la paz y la salvación al mundo entero.
Confirma en la fe y en la caridad a tu Iglesia, peregrina en la tierra: a tu servidor, el papa N., a nuestro obispo N., al orden episcopal, a los presbíteros y diáconos, y a todo el pueblo redimido por ti.

Atiende los deseos y súplicas de esta familia que has congregado en tu presencia.

Reúne en torno a ti, Padre misericordioso,
a todos tus hijos dispersos por el mundo.

Plegarias de intercesión. La última de las plegarias de intercesión es por los difuntos, y puede tomar dos formas: la primera, cuando se reza genéricamente por todos los difuntos; la segunda, cuando se quiere rezar específicamente por algún difunto concreto.

1. A nuestros hermanos difuntos y a cuantos murieron en tu amistad recíbelos en tu reino,
donde esperamos gozar todos juntos de la plenitud eterna de tu gloria, por Cristo, Señor nuestro, por quien concedes al mundo todos los bienes.

2. Recuerda a tu hijo (hija) N., a quien llamaste [hoy] de este mundo a tu presencia: concédele que, así como ha compartido ya la muerte de Jesucristo, comparta también con él la gloria de la resurrección, cuando Cristo haga resurgir de la tierra a los muertos, y transforme nuestro cuerpo frágil en cuerpo glorioso como el suyo.
Y a todos nuestros hermanos difuntos y a cuantos murieron en tu amistad recíbelos en tu reino, donde esperamos gozar todos juntos de la plenitud eterna de tu gloria;
allí enjugarás las lágrimas de nuestros ojos, porque, al contemplarte como tú eres, Dios nuestro, seremos para siempre semejantes a ti y cantaremos eternamente tus alabanzas, por Cristo, Señor nuestro, por quien concedes al mundo todos los bienes.

Aclamación final de alabanza.

Por Cristo, con él y en él, a ti, Dios Padre omnipotente, en la unidad del Espíritu Santo, todo honor y toda gloria por los siglos de los siglos.

Adhesión final de toda la asamblea.

Amén.

PLEGARIA EUCARÍSTICA IV

La plegaria eucarística IV es la más extensa, y se inspira en plegarias eucarísticas de la Iglesia oriental.

Lo más destacable de esta plegaria es toda su primera parte, hasta la narración de la institución y consagración. Empieza con el prefacio, que es una acción de gracias a Dios porque él es la fuente de todo lo que es bueno, y nos unimos a la alabanza de los ángeles que lo proclaman tres veces Santo (siguiendo el texto de Isaías 6,1-3, del cual proviene nuestra aclamación "Santo, Santo, Santo"). Y después, en una larga proclamación que es a la vez alabanza y profesión de fe, recordamos toda la obra salvadora de Dios, culminada en Jesucristo y el Espíritu. Todo ello conduce a un relato especialmente destacado de la Última Cena y lo que significa la muerte de Jesucristo: "Él... habiendo amado a los suyos que estaban en el mundo, los amó hasta el extremo". Después, todo continúa siguiendo el esquema normal de las otras plegarias eucarísticas.

Diálogo inicial de invitación mutua a la alabanza y la acción de gracias.

El Señor esté con vosotros.
Y con tu espíritu.

Levantemos el corazón.
Lo tenemos levantado hacia el Señor.

Demos gracias al Señor, nuestro Dios.
Es justo y necesario.

Prefacio. Nuestra acción de gracias al Padre por su grandeza y su amor.

En verdad es justo darte gracias, y deber nuestro glorificarte, Padre santo, porque tú eres el único Dios vivo y verdadero que existes desde siempre y vives para siempre, luz sobre toda luz.

Porque tú solo eres bueno y la fuente de la vida, hiciste todas las cosas para colmarlas de tus bendiciones y alegrar su multitud con la claridad de tu gloria. Por eso, innumerables ángeles en tu presencia, contemplando la gloria de tu rostro, te sirven siempre y te glorifican sin cesar.

Y con ellos también nosotros, llenos de alegría, y por nuestra voz las demás criaturas, aclamamos tu nombre cantando:

> *Aclamación al Dios santo y fuente de todo bien, unidos a los coros celestiales y a todo el universo.*

**Santo, Santo, Santo es el Señor,
Dios del Universo.
Llenos están el cielo y la tierra de tu gloria.
Hosanna en el cielo.
Bendito el que viene en nombre del Señor.
Hosanna en el cielo.**

> *Continuamos la acción de gracias recordando toda la obra de la salvación de Dios, culminada en Jesucristo.*

Te alabamos, Padre santo, porque eres grande y porque hiciste todas las cosas con sabiduría y amor.

A imagen tuya creaste al hombre y le encomendaste

el universo entero, para que, sirviéndote solo a ti, su Creador, dominara todo lo creado.

Y cuando por desobediencia perdió tu amistad, no lo abandonaste al poder de la muerte, sino que, compadecido, tendiste la mano a todos, para que te encuentre el que te busca.

Reiteraste, además, tu alianza a los hombres; por los profetas los fuiste llevando con la esperanza de salvación.

Y tanto amaste al mundo, Padre santo, que, al cumplirse la plenitud de los tiempos, nos enviaste como salvador a tu único Hijo.

El cual se encarnó por obra del Espíritu Santo, nació de María, la Virgen, y así compartió en todo nuestra condición humana menos en el pecado; anunció la salvación a los pobres, la liberación a los oprimidos y a los afligidos el consuelo.

Para cumplir tus designios, él mismo se entregó a la muerte, y, resucitando, destruyó la muerte y nos dio nueva vida.

Y porque no vivamos ya para nosotros mismos, sino para él, que por nosotros murió y resucitó, envió, Padre, al Espíritu Santo como primicia para los creyentes, a fin de santificar todas las cosas, llevando a plenitud su obra en el mundo.

Epíclesis. Invocación para que el Espíritu Santo descienda sobre el pan y el vino, para que sean Cuerpo y Sangre de Jesucristo.

Por eso, Padre, te rogamos que este mismo Espíritu santifique estas ofrendas, para que se conviertan en el Cuerpo y la Sangre de Jesucristo, nuestro Señor, y así celebremos el gran misterio que nos dejó como alianza eterna.

> *Narración de la institución y consagración. El relato emotivo de la Última Cena y la repetición de las palabras de Jesús lo hacen presente entre nosotros con su Cuerpo y su Sangre.*

Porque él mismo, llegada la hora en que había de ser glorificado por ti, Padre santo, habiendo amado a los suyos que estaban en el mundo, los amó hasta el extremo.

Y, mientras cenaba con sus discípulos, tomó pan, te bendijo, lo partió y se lo dio, diciendo:

Tomad y comed todos de él,
porque esto es mi Cuerpo,
que será entregado por vosotros.

Del mismo modo, tomó el cáliz lleno del fruto de la vid, te dio gracias y lo pasó a sus discípulos, diciendo:

Tomad y bebed todos de él,
porque este es el cáliz de mi Sangre,
Sangre de la alianza nueva y eterna,
que será derramada
por vosotros y por muchos
para el perdón de los pecados.

Haced esto en conmemoración mía.

Aclamación al Señor muerto y resucitado.

Este es el Sacramento de nuestra fe. (*O bien:* Este es el Misterio de la fe).

**Anunciamos tu muerte,
proclamamos tu resurrección.
¡Ven, Señor Jesús!**

O bien:

Aclamemos el Misterio de la fe.

**Cada vez que comemos de este pan
y bebemos de este cáliz,
anunciamos tu muerte, Señor,
hasta que vuelvas.**

O bien:

Proclamemos el Misterio de la fe.

**Sálvanos, Salvador del mundo,
que nos has liberado por tu cruz y resurrección.**

> *Memorial. Hacemos memoria de la donación de Jesucristo (su muerte y su resurrección) y, mientras esperamos la vida plena de su retorno, ofrecemos estos dones en los que él renueva su entrega amorosa.*

Por eso, Padre, al celebrar ahora el memorial de nuestra redención, recordamos la muerte de Cristo y su descenso al lugar de los muertos, proclamamos su resurrección y ascensión a tu derecha;

y, mientras esperamos su venida gloriosa, te ofrecemos su Cuerpo y su Sangre, sacrificio agradable a ti y salvación para todo el mundo.

Segunda epíclesis. Invocación para que, congregados en un solo cuerpo por el Espíritu, ofrezcamos nuestra vida como Jesucristo la ofreció.

Dirige tu mirada sobre esta Víctima que tú mismo has preparado a tu Iglesia,

y concede a cuantos compartimos este pan y este cáliz, que, congregados en un solo cuerpo por el Espíritu Santo, seamos en Cristo víctima viva para alabanza de tu gloria.

Pedimos por la Iglesia, por todos los hombres y mujeres de buena voluntad que buscan a Dios, por los difuntos y por nosotros, en unión con los santos.

Y ahora, Señor, acuérdate de todos aquellos por quienes te ofrecemos este sacrificio: de tu servidor el papa N., de nuestro obispo N., del orden episcopal y de los presbíteros y diáconos, de los oferentes y de los aquí reunidos, de todo tu pueblo santo y de aquellos que te buscan con sincero corazón.

Acuérdate también de los que murieron en la paz de Cristo y de todos los difuntos, cuya fe solo tú conociste.

Padre de bondad, que todos tus hijos nos reunamos en la heredad de tu reino, con María, la Virgen Madre de Dios, con su esposo san José, con los apóstoles y los santos;

y allí, junto con toda la creación libre ya del pecado y de la muerte, te glorifiquemos por Cristo, Señor nuestro, por quien concedes al mundo todos los bienes.

Aclamación final de alabanza.

Por Cristo, con él y en él, a ti, Dios Padre omnipotente, en la unidad del Espíritu Santo, todo honor y toda gloria por los siglos de los siglos.

Adhesión final de toda la asamblea.

Amén.

PLEGARIA EUCARÍSTICA «DE LA RECONCILIACIÓN» I

Esta plegaria eucarística fue compuesta el año 1975, con motivo del año santo de la reconciliación. Con lenguaje sugerente, habla del perdón y la reconciliación que Dios ofrece siempre, y de cómo une a él a toda la familia humana.

Hablando de esta plegaria y de la siguiente, el Misal dice: "Las plegarias eucarísticas de la Reconciliación pueden usarse en las misas en las que se presenta a los fieles, de un modo peculiar, el misterio de la reconciliación, por ejemplo en las misas para fomentar la concordia, por la reconciliación, por la paz y la justicia, en tiempo de guerra o desorden, por el perdón de los pecados, para pedir la caridad, el misterio de la santa Cruz, de la santísima Eucaristía, de la preciosísima Sangre de Nuestro Señor Jesucristo, y en las misas del tiempo de Cuaresma. Aunque disponen de prefacio propio, sin embargo, pueden usarse también con otros prefacios que hagan referencia a la penitencia y la conversión, como por ejemplo, con los prefacios de Cuaresma".

> *Diálogo inicial de invitación mutua a la alabanza y la acción de gracias.*

El Señor esté con vosotros.
Y con tu espíritu.

Levantemos el corazón.
Lo tenemos levantado hacia el Señor.

Demos gracias al Señor, nuestro Dios.
Es justo y necesario.

Prefacio. Nuestra acción de gracias al Padre porque nos ofrece su perdón y su reconciliación. (Este prefacio a veces puede cambiar).

En verdad es justo y necesario darte gracias siempre, Señor, Padre santo, Dios todopoderoso y eterno: Porque no dejas de alentarnos a tener una vida más plena y, como eres rico en misericordia, ofreces siempre tu perdón e invitas a los pecadores a confiar solo en tu indulgencia.

Nunca te has apartado de nosotros, que muchas veces hemos quebrantado tu alianza, y por Jesucristo tu Hijo, nuestro Redentor, tan estrechamente te has unido a la familia humana, con un nuevo vínculo de amor, que ya nada lo podrá romper.

Y ahora, mientras le ofreces a tu pueblo un tiempo de gracia y reconciliación, alientas a esperar en Cristo Jesús a quien se convierte a ti, y le concedes ponerse al servicio de todos los hombres, confiando más plenamente en el Espíritu Santo.

Por ello, llenos de admiración, ensalzamos la fuerza de tu amor y, proclamando la alegría de nuestra salvación, con todos los coros celestiales cantamos el himno de tu gloria sin cesar:

Aclamación al Dios santo y fuente de todo bien, unidos a los coros celestiales y a todo el universo.

**Santo, Santo, Santo es el Señor, Dios del Universo.
Llenos están el cielo y la tierra de tu gloria.
Hosanna en el cielo.**

**Bendito el que viene en nombre del Señor.
Hosanna en el cielo.**

Santo eres en verdad, Señor, que desde el principio del mundo obras siempre para que el hombre sea santo, como tú mismo eres santo.

> *Epíclesis. Invocación para que el Espíritu descienda sobre el pan y el vino, para que sean para nosotros Cuerpo y Sangre de Jesucristo.*

Te pedimos que mires los dones de tu pueblo, y derrames sobre ellos la fuerza de tu Espíritu para que se conviertan en el Cuerpo y la Sangre de tu amado Hijo Jesucristo, en quien nosotros también somos hijos tuyos.

> *Narración de la institución y consagración. Recordando la entrega de Jesús, el relato de la Última Cena y la repetición de las palabras de Jesús lo hacen presente en medio de nosotros con su Cuerpo y su Sangre.*

Aunque en otro tiempo estábamos perdidos y éramos incapaces de acercarnos a ti, nos amaste hasta el extremo:
tu Hijo, que es el único Justo, se entregó a sí mismo a la muerte, aceptando ser clavado en la cruz por nosotros.

Pero antes de que sus brazos, extendidos entre el cielo y la tierra, trazasen el signo indeleble de tu alianza, él mismo quiso celebrar la Pascua con sus discípulos.

Mientras comía con ellos, tomó pan y dando gracias te bendijo, lo partió y se lo dio, diciendo:

Tomad y comed todos de él,
porque esto es mi Cuerpo,
que será entregado por vosotros.

Del mismo modo, acabada la cena, sabiendo que iba a reconciliar todas las cosas en sí mismo,
por su sangre derramada en la cruz, tomó el cáliz,
lleno del fruto de la vid y, dándote gracias de nuevo,
lo pasó a sus discípulos, diciendo:

Tomad y bebed todos de él,
porque este es el cáliz de mi Sangre,
Sangre de la alianza nueva y eterna,
que será derramada
por vosotros y por muchos
para el perdón de los pecados.

Haced esto en conmemoración mía.

Aclamación al Señor muerto y resucitado.

Este es el Sacramento de nuestra fe. (*O bien:* Este es el Misterio de la fe).

**Anunciamos tu muerte,
proclamamos tu resurrección.
¡Ven, Señor Jesús!**

O bien:

Aclamemos el Misterio de la fe.

**Cada vez que comemos de este pan
y bebemos de este cáliz,
anunciamos tu muerte, Señor,
hasta que vuelvas.**

O bien:

Proclamemos el Misterio de la fe.

**Sálvanos, Salvador del mundo,
que nos has liberado por tu cruz y resurrección.**

> *Memorial. Hacemos memoria de la donación
> de Jesucristo (su muerte y su resurrección) y,
> mientras esperamos la vida plena de su retorno,
> ofrecemos estos dones en los que él renueva su
> entrega amorosa.*

Así, pues, al celebrar el memorial de tu Hijo Jesucristo, nuestra Pascua y nuestra paz verdadera, celebramos su muerte y resurrección de entre los muertos, y, mientras esperamos su venida gloriosa, te ofrecemos, Dios fiel y misericordioso, la víctima que reconcilia a los hombres contigo.
Mira bondadosamente, Padre misericordioso, a quienes unes a ti por el sacrificio de tu Hijo, y concédeles, por la fuerza del Espíritu Santo, que, participando de un mismo pan y de un mismo cáliz, formen en Cristo un solo cuerpo, en el que no haya ninguna división.

> *Plegarias de intercesión. Pedimos por la unión con
> los responsables de la Iglesia y por la preparación del
> Reino de Dios, hasta la vida eterna, con los santos.*

Guárdanos siempre en comunión de fe y amor, con nuestro papa N., y con nuestro obispo N.

Ayúdanos a esperar la venida de tu reino hasta la hora en que nos presentemos a ti, santos entre los santos del cielo, con santa María, la Virgen Madre de Dios, con los apóstoles y con todos los santos, y con nuestros hermanos difuntos, que confiamos humildemente a tu misericordia.

Entonces, liberados por fin de toda corrupción y constituidos plenamente en nuevas criaturas, te cantaremos gozosos la acción de gracias de tu Ungido, que vive eternamente.

Aclamación final de alabanza.

Por Cristo, con él y en él, a ti, Dios Padre omnipotente, en la unidad del Espíritu Santo, todo honor y toda gloria por los siglos de los siglos.

Adhesión final de toda la asamblea.

Amén.

PLEGARIA EUCARÍSTICA «DE LA RECONCILIACIÓN» II

Como la anterior, esta plegaria eucarística fue compuesta el año 1975, con motivo del año santo de la reconciliación. La plegaria resalta sobre todo la llamada que Dios dirige a una humanidad con frecuencia dividida y enfrentada: Dios mueve las voluntades hacia la reconciliación, y quiere reunir a todos y todas en un mundo que es su reino.

En la introducción a la primera plegaria de la reconciliación, reproducimos lo que dice el Misal sobre su utilización.

> *Diálogo inicial de invitación mutua a la alabanza y la acción de gracias.*

El Señor esté con vosotros.
Y con tu espíritu.

Levantemos el corazón.
Lo tenemos levantado hacia el Señor.

Demos gracias al Señor, nuestro Dios.
Es justo y necesario.

> *Prefacio. Nuestra acción de gracias al Padre porque él mueve las voluntades hacia la reconciliación. (Este prefacio a veces puede cambiar).*

En verdad es justo y necesario darte gracias y alabarte, Dios, Padre todopoderoso, por todo lo que haces en este mundo, por Jesucristo, Señor nuestro.

Pues en una humanidad dividida por las enemistades y las discordias, sabemos que tú diriges los ánimos para que se dispongan a la reconciliación.

Por tu Espíritu mueves los corazones de los hombres para que los enemigos vuelvan a la amistad, los adversarios se den la mano, los pueblos busquen la concordia.

Con tu acción eficaz consigues, Señor, que el amor venza al odio, la venganza deje paso a la indulgencia, y la discordia se convierta en amor mutuo.

Por eso, con los coros celestiales te damos gracias continuamente y en la tierra proclamamos tu gloria sin cesar:

Aclamación al Dios santo y fuente de todo bien, unidos a los coros celestiales y a todo el universo.

Santo, Santo, Santo es el Señor,
Dios del Universo.
Llenos están el cielo y la tierra de tu gloria.
Hosanna en el cielo.
Bendito el que viene en nombre del Señor.
Hosanna en el cielo.

Prosigue nuestra acción de gracias porque el Padre, por Jesucristo, nos hace volver a él.

A ti, pues, Padre omnipotente, te bendecimos por Jesucristo, tu Hijo, que ha venido en tu nombre.

Él es la Palabra de salvación para los hombres, la mano que tiendes a los pecadores, el camino que nos conduce a tu paz.

Cuando nos habíamos apartado de ti por nuestros pecados, Señor, nos reconciliaste contigo, para que, convertidos a ti, nos amáramos unos a otros por tu Hijo, a quien entregaste a la muerte por nosotros.

Epíclesis. Invocación para que el Espíritu descienda sobre el pan y el vino, para que sean el Cuerpo y la Sangre de Jesucristo.

Y ahora, celebrando la reconciliación que Cristo nos trajo, te suplicamos: por la efusión de tu Espíritu santifica estos dones para que se conviertan en el Cuerpo y la Sangre de tu Hijo, que nos mandó celebrar estos misterios.

Narración de la institución y consagración. El relato de la Última Cena y la repetición de las palabras de Jesús lo hacen presente en medio de nosotros con su Cuerpo y su Sangre.

Porque él mismo, cuando iba a entregar su vida por nuestra liberación, sentado a la mesa, tomó pan en sus manos, y dando gracias te bendijo, lo partió y se lo dio a sus discípulos, diciendo:

Tomad y comed todos de él,
porque esto es mi Cuerpo,
que será entregado por vosotros.

Del mismo modo, aquella noche, tomó en sus manos el cáliz de la bendición y, proclamando tu misericordia, se lo dio a sus discípulos, diciendo:

Tomad y bebed todos de él,
porque este es el cáliz de mi Sangre,
Sangre de la alianza nueva y eterna,
que será derramada
por vosotros y por muchos
para el perdón de los pecados.

Haced esto en conmemoración mía.

Aclamación al Señor muerto y resucitado.

Este es el Sacramento de nuestra fe. (*O bien:* Este es
el Misterio de la fe).

**Anunciamos tu muerte,
proclamamos tu resurrección.
¡Ven, Señor Jesús!**

O bien:

Aclamemos el Misterio de la fe.

**Cada vez que comemos de este pan
y bebemos de este cáliz,
anunciamos tu muerte, Señor,
hasta que vuelvas.**

O bien:

Proclamemos el Misterio de la fe.

**Sálvanos, Salvador del mundo,
que nos has liberado por tu cruz y resurrección.**

*Memorial. Hacemos memoria de la donación de
Jesucristo (su muerte y su resurrección), y ofrece-*

mos estos dones en los que él renueva su entrega amorosa.

Así pues, al celebrar el memorial de la muerte y resurrección de tu Hijo, que nos dejó esta prenda de su amor, te ofrecemos lo que tú nos entregaste, el sacrificio de la reconciliación perfecta.

Epíclesis. Invocación para que el Espíritu descienda sobre nosotros y haga desaparecer todo lo que nos pueda dividir.

Te pedimos humildemente, Padre Santo, que nos aceptes también a nosotros, juntamente con tu Hijo, y en este banquete salvífico concédenos el mismo Espíritu, que haga desaparecer toda enemistad entre nosotros.

Plegarias de intercesión. Oremos para que la Iglesia sea signo de unidad y vivamos todos en mutua comunión, así como por los difuntos, y por la unión de todos los hombres, con los santos, en el Reino de Dios.

Que este Espíritu haga de tu Iglesia signo de unidad e instrumento de tu paz entre los hombres, y nos guarde en comunión con nuestro papa N., con nuestro obispo N., con los demás obispos y con todo tu pueblo.

Así como nos has congregado ahora, en torno a la mesa de tu Hijo, reúnenos con la gloriosa Virgen María, Madre de Dios, con tus apóstoles y con todos los santos, con nuestros hermanos y con los hombres de toda raza y lengua que murieron en tu amistad, en el banquete de la unidad eterna, en los cielos y en la tierra nueva, donde brilla la plenitud de tu paz, en Jesucristo, Señor nuestro.

Aclamación final de alabanza.

Por Cristo, con él y en él, a ti, Dios Padre omnipotente, en la unidad del Espíritu Santo, todo honor y toda gloria por los siglos de los siglos.

Adhesión final de toda la asamblea.

Amén.

PLEGARIAS EUCARÍSTICAS QUE PUEDEN USARSE EN LAS MISAS POR DIVERSAS CIRCUNSTANCIAS

Esta plegaria eucarística era conocida antes como "Plegaria eucarística V", y fue compuesta inicialmente en Suiza, si bien después ha sido reelaborada y modificada. Lo más destacable de esta plegaria es que ha querido buscar un lenguaje más expresivo y sugerente, y en este sentido tiene un valor notable.

La plegaria se presenta en cuatro formas, que difieren en el prefacio y en la parte de las intercesiones. Cada forma se centra en un tema concreto:

I. *La Iglesia en camino hacia la unidad*

II. *Dios guía a su Iglesia por el camino de salvación*

III. *Jesús, camino hacia el Padre*

IV. *Jesús, que pasó haciendo el bien*

I. La Iglesia en camino hacia la unidad

Diálogo inicial de invitación mutua a la alabanza y la acción de gracias.

El Señor esté con vosotros.
Y con tu espíritu.

Levantemos el corazón.
Lo tenemos levantado hacia el Señor.

Demos gracias al Señor, nuestro Dios.
Es justo y necesario.

Prefacio. Nuestra acción de gracias al Padre porque ha reunido a hombres y mujeres de todo lugar, en la Iglesia, y los encamina hacia la unidad.

En verdad es justo y necesario darte gracias y cantarte un himno de gloria y alabanza, Señor, Padre de infinita bondad.

Porque has reunido por medio del Evangelio de tu Hijo a hombres de todo pueblo, lengua y nación, en una única Iglesia, y por ella, vivificada por la fuerza de tu Espíritu, no dejas de congregar a todos los hombres en la unidad.

Ella manifiesta la alianza de tu amor, ofrece incesantemente la gozosa esperanza del reino, y resplandece como signo de tu fidelidad que nos prometiste para siempre en Jesucristo, Señor nuestro.

Por eso, con todas las potestades del cielo y con toda la Iglesia, te aclamamos en la tierra sin cesar, diciendo, a una sola voz:

Aclamación al Dios santo y fuente de todo bien, unidos a los coros celestiales y a todo el universo.

Santo, Santo, Santo es el Señor,
Dios del Universo.
Llenos están el cielo y la tierra de tu gloria.
Hosanna en el cielo.
Bendito el que viene en nombre del Señor.
Hosanna en el cielo.

Prosigue nuestra acción de gracias, porque Dios nos acompaña siempre, sobre todo por Jesucristo, que nos reúne como hizo con sus discípulos.

Santo eres en verdad y digno de gloria, Dios que amas a los hombres, que siempre estás con ellos en el camino de la vida.
Bendito es, en verdad, tu Hijo, que está presente en medio de nosotros, cuando somos congregados por su amor,
y como hizo en otro tiempo con sus discípulos, nos explica las Escrituras y parte para nosotros el pan.

Epíclesis. Invocación para que el Espíritu descienda sobre el pan y el vino, para que sean para nosotros Cuerpo y Sangre de Jesucristo.

Por eso te rogamos, Padre misericordioso, que envíes tu Espíritu Santo, para que santifique estos dones de pan y vino, de manera que se conviertan para nosotros en el Cuerpo y la Sangre de Jesucristo, nuestro Señor.

Narración de la institución y consagración. El relato de la Última Cena y la repetición de las palabras de Jesús lo hacen presente en medio de nosotros con su Cuerpo y su Sangre.

El cual, la víspera de su pasión, en la noche de la Última Cena, tomó pan, te bendijo, lo partió y lo dio a sus discípulos, diciendo:
Tomad y comed todos de él,

porque esto es mi Cuerpo,
que será entregado por vosotros.

Del mismo modo, acabada la cena, tomó el cáliz, te dio gracias y lo pasó a sus discípulos, diciendo:

Tomad y bebed todos de él,
porque este es el cáliz de mi Sangre,
Sangre de la alianza nueva y eterna,
que será derramada
por vosotros y por muchos
para el perdón de los pecados.

Haced esto en conmemoración mía.

Aclamación al Señor muerto y resucitado.

Este es el Sacramento de nuestra fe. (*O bien:* Este es el Misterio de la fe).

**Anunciamos tu muerte.
proclamamos tu resurrección.
¡Ven, Señor Jesús!**

O bien:

Aclamemos el Misterio de la fe.

**Cada vez que comemos de este pan
y bebemos de este cáliz,
anunciamos tu muerte, Señor,
hasta que vuelvas.**

O bien:

Proclamemos el Misterio de la fe.

**Sálvanos, Salvador del mundo,
que nos has liberado por tu cruz y resurrección.**

> *Memorial. Hacemos memoria de la donación de
> Jesucristo (su muerte y resurrección) y, mientras
> esperamos su retorno, ofrecemos estos dones en
> los que él renueva su entrega amorosa.*

Por eso, Padre santo, al celebrar el memorial de
Cristo, tu Hijo, nuestro Salvador, al que condujiste
por su pasión y muerte en cruz a la gloria de la resurrección, y lo sentaste a tu derecha, anunciamos la
obra de tu amor hasta que él venga, y te ofrecemos
el pan de vida y el cáliz de bendición.

Mira con bondad la ofrenda de tu Iglesia, en la que
se hace presente el sacrificio pascual de Cristo, que
se nos ha confiado,

> *Segunda epíclesis. Invocación para que el Espí-
> ritu descienda sobre nosotros para que seamos
> miembros de Cristo.*

y concédenos, por la fuerza del Espíritu de tu amor,
ser contados ahora y por siempre entre el número
de los miembros de tu Hijo, cuyo Cuerpo y Sangre
comulgamos.

> *Plegarias de intercesión. Oremos por la Iglesia
> diocesana, por la Iglesia entera unida en torno
> a sus responsables, por los difuntos y para que
> todos seamos acogidos en el Reino de Dios, en
> unión con los santos.*

Renueva, Señor, a tu Iglesia [que está en N.], con la luz del Evangelio. Consolida el vínculo de unidad entre los fieles y los pastores de tu pueblo, con nuestro papa N., nuestro obispo N., y todo el orden episcopal, para que tu pueblo brille, en este mundo dividido por las discordias, como signo profético de unidad y de paz.

Acuérdate de nuestros hermanos [N. y N.], que se durmieron en la paz de Cristo y de todos los difuntos, cuya fe solo tú conociste: admítelos a contemplar la luz de tu rostro y dales la plenitud de la vida en la resurrección.

Y, terminada nuestra peregrinación por este mundo, concédenos, también, llegar a la morada eterna donde viviremos siempre contigo y con santa María, la Virgen Madre de Dios, con los apóstoles y los mártires y, en comunión con todos los santos, te alabaremos y te glorificaremos por Jesucristo, Señor nuestro.

Aclamación final de alabanza.

Por Cristo, con él y en él, a ti, Dios Padre omnipotente, en la unidad del Espíritu Santo, todo honor y toda gloria por los siglos de los siglos.

Adhesión final de toda la asamblea.

Amén.

II. Dios guía a su Iglesia por el camino de salvación

Diálogo inicial de invitación mutua a la alabanza y la acción de gracias.

El Señor esté con vosotros.
Y con tu espíritu.

Levantemos el corazón.
Lo tenemos levantado hacia el Señor.

Demos gracias al Señor, nuestro Dios.
Es justo y necesario.

Prefacio. Nuestra acción de gracias al Padre porque él guía a su pueblo, la Iglesia.

En verdad es justo y necesario, es nuestro deber y salvación, darte gracias siempre y en todo lugar, Señor, Padre santo, creador del mundo y fuente de toda vida.

Porque no abandonas nunca la obra de tu sabiduría, sino que obras por tu providencia en medio de nosotros.

Guiaste a tu pueblo Israel por el desierto con mano poderosa y brazo extendido; ahora acompañas a tu Iglesia, peregrina en el mundo, con la fuerza constante del Espíritu Santo y la conduces por el camino de la vida temporal hacia el gozo eterno de tu reino, por Cristo, Señor nuestro.

Por eso, también nosotros, con los ángeles y los santos, cantamos el himno de tu gloria, diciendo sin cesar:

Aclamación al Dios santo y fuente de todo bien, unidos a los coros celestiales y a todo el universo.

**Santo, Santo, Santo es el Señor,
Dios del Universo.
Llenos están el cielo y la tierra de tu gloria.
Hosanna en el cielo.
Bendito el que viene en nombre del Señor.
Hosanna en el cielo.**

Prosigue nuestra acción de gracias, porque Dios nos acompaña siempre, sobre todo por Jesucristo, que nos reúne como hizo con sus discípulos.

Santo eres en verdad y digno de gloria, Dios que amas a los hombres, que siempre estás con ellos en el camino de la vida.
Bendito es, en verdad, tu Hijo, que está presente en medio de nosotros cuando somos congregados por su amor,
y, como hizo en otro tiempo con sus discípulos, nos explica las Escrituras y parte para nosotros el pan.

Epíclesis. Invocación para que el Espíritu descienda sobre el pan y el vino, para que sean para nosotros Cuerpo y Sangre de Jesucristo.

Por eso te rogamos, Padre misericordioso, que envíes tu Espíritu Santo para que santifique estos dones de pan y vino, de manera que se conviertan para nosotros en el Cuerpo y la Sangre de Jesucristo, nuestro Señor.

Narración de la institución y consagración. El relato de la Última Cena y la repetición de las palabras de Jesús lo hacen presente en medio de nosotros con su Cuerpo y su Sangre.

El cual, la víspera de su pasión, en la noche de la Última Cena, tomó pan, te bendijo, lo partió, y lo dio a sus discípulos, diciendo:

Tomad y comed todos de él,
porque esto es mi Cuerpo,
que será entregado por vosotros.

Del mismo modo, acabada la cena, tomó el cáliz, te dio gracias, y lo pasó a sus discípulos, diciendo:

Tomad y bebed todos de él,
porque este es el cáliz de mi Sangre,
Sangre de la alianza nueva y eterna,
que será derramada
por vosotros y por muchos
para el perdón de los pecados.

Haced esto en conmemoración mía.

Aclamación al Señor muerto y resucitado.

Este es el Sacramento de nuestra fe. (*O bien:* Este es el Misterio de la fe).

**Anunciamos tu muerte,
proclamamos tu resurrección.
¡Ven, Señor Jesús!**

O bien:

Aclamemos el Misterio de la fe.

**Cada vez que comemos de este pan
y bebemos de este cáliz,
anunciamos tu muerte, Señor,
hasta que vuelvas.**

O bien:

Proclamemos el Misterio de la fe.

**Sálvanos, Salvador del mundo,
que nos has liberado por tu cruz y resurrección.**

> *Memorial. Hacemos memoria de la donación de Jesucristo (su muerte y resurrección) y, mientras esperamos su retorno, ofrecemos estos dones en los que él renueva su entrega amorosa.*

Por eso, Padre santo, al celebrar el memorial de Cristo, tu Hijo, nuestro Salvador, al que condujiste por su pasión y muerte en cruz a la gloria de la resurrección y lo sentaste a tu derecha, anunciamos la obra de tu amor, hasta que él venga, y te ofrecemos el pan de vida y el cáliz de bendición.

Mira con bondad la ofrenda de tu Iglesia, en la que se hace presente el sacrificio pascual de Cristo, que se nos ha confiado,

Segunda epíclesis. Invocación para que el Espíritu descienda sobre nosotros para que seamos miembros de Cristo.

y concédenos, por la fuerza del Espíritu de tu amor, ser contados ahora y por siempre entre el número de los miembros de tu Hijo, cuyo Cuerpo y Sangre comulgamos.

Plegarias de intercesión. Oremos por el testimonio cristiano de los que formamos la Iglesia, por los difuntos y para que todos seamos acogidos en el Reino de Dios, en unión con los santos.

Fortalécenos en la unidad, Señor, a los que hemos sido invitados a tu mesa para que, con nuestro papa N. y nuestro obispo N., con todos los obispos, presbíteros y diáconos y todo tu pueblo, caminemos por tus sendas en la fe y en la esperanza y manifestemos al mundo la alegría y la confianza.

Acuérdate de nuestros hermanos [N. y N.], que se durmieron en la paz de Cristo, y de todos los difuntos, cuya fe solo tú conociste: admítelos a contemplar la luz de tu rostro y dales la plenitud de la vida en la resurrección.

Y, terminada nuestra peregrinación por este mundo, concédenos, también, llegar a la morada eterna donde viviremos siempre contigo y con santa María, la Virgen Madre de Dios, con los apóstoles y los mártires y, en comunión con todos los santos, te alabaremos y te glorificaremos por Jesucristo, Señor nuestro.

Aclamación final de alabanza.

Por Cristo, con él y en él, a ti, Dios Padre omnipotente, en la unidad del Espíritu Santo, todo honor y toda gloria por los siglos de los siglos.

Adhesión final de toda la asamblea.

Amén.

III. Jesús, camino hacia el Padre

Diálogo inicial de invitación mutua a la alabanza y la acción de gracias.

El Señor esté con vosotros.
Y con tu espíritu.

Levantemos el corazón.
Lo tenemos levantado hacia el Señor.

Demos gracias al Señor, nuestro Dios.
Es justo y necesario.

Prefacio. Nuestra acción de gracias al Padre porque Jesucristo es nuestro camino.

En verdad es justo y necesario, es nuestro deber y salvación, darte gracias siempre y en todo lugar,

Padre santo, Señor del cielo y de la tierra, por Cristo, Señor nuestro.

Porque creaste el mundo por medio de tu Palabra y lo gobiernas todo con justicia. Nos diste como mediador a tu Hijo, hecho carne, que nos comunicó tus palabras y nos llamó para que le siguiéramos; él es el camino que nos conduce a ti, la verdad que nos hace libres, la vida que nos colma de alegría.

Por medio de tu Hijo reúnes en una sola familia a los hombres, creados para gloria de tu nombre, redimidos por su sangre en la cruz y marcados con el sello del Espíritu.

Por eso, ahora y siempre, con todos los ángeles proclamamos tu gloria, aclamándote llenos de alegría:

Aclamación al Dios santo y fuente de todo bien, unidos a los coros celestiales y a todo el universo.

**Santo, Santo, Santo es el Señor,
Dios del Universo.
Llenos están el cielo y la tierra de tu gloria.
Hosanna en el cielo.
Bendito el que viene en nombre del Señor.
Hosanna en el cielo.**

Prosigue nuestra acción de gracias, porque Dios nos acompaña siempre, sobre todo por Jesucristo, que nos reúne como hizo con sus discípulos.

Santo eres en verdad y digno de gloria, Dios que amas a los hombres, que siempre estás con ellos en el camino de la vida.

Bendito es, en verdad, tu Hijo, que está presente en medio de nosotros, cuando somos congregados por su amor,
y como hizo en otro tiempo con sus discípulos, nos explica las Escrituras y parte para nosotros el pan.

Epíclesis. Invocación para que el Espíritu descienda sobre el pan y el vino, para que sean para nosotros Cuerpo y Sangre de Jesucristo.

Por eso te rogamos, Padre misericordioso, que envíes tu Espíritu Santo para que santifique estos dones de pan y vino, de manera que se conviertan para nosotros en el Cuerpo y la Sangre de Jesucristo, nuestro Señor.

Narración de la institución y consagración. El relato de la Última Cena y la repetición de las palabras de Jesús lo hacen presente en medio de nosotros con su Cuerpo y su Sangre.

El cual, la víspera de su pasión, en la noche de la Última Cena, tomó pan, te bendijo, lo partió y lo dio a sus discípulos, diciendo:

Tomad y comed todos de él,
porque esto es mi Cuerpo,
que será entregado por vosotros.

Del mismo modo, acabada la cena, tomó el cáliz, te dio gracias, y lo pasó a sus discípulos, diciendo:

Tomad y bebed todos de él,
porque este es el cáliz de mi Sangre,
Sangre de la alianza nueva y eterna,

que será derramada
por vosotros y por muchos
para el perdón de los pecados.

Haced esto en conmemoración mía.

Aclamación al Señor muerto y resucitado.

Este es el Sacramento de nuestra fe. (*O bien:* Este es el Misterio de la fe).

**Anunciamos tu muerte,
proclamamos tu resurrección.
¡Ven, Señor Jesús!**

O bien:

Aclamemos el Misterio de la fe.

**Cada vez que comemos de este pan
y bebemos de este cáliz,
anunciamos tu muerte, Señor,
hasta que vuelvas.**

O bien:

Proclamemos el Misterio de la fe.

**Sálvanos, Salvador del mundo,
que nos has liberado por tu cruz y resurrección.**

Memorial. Hacemos memoria de la donación de Jesucristo (su muerte y resurrección) y, mientras esperamos su retorno, ofrecemos estos dones en los que él renueva su entrega amorosa.

Por eso, Padre santo, al celebrar el memorial de Cristo, tu Hijo, nuestro Salvador, al que condujiste por su pasión y muerte en cruz a la gloria de la resurrección, y lo sentaste a tu derecha, anunciamos la obra de tu amor, hasta que él venga, y te ofrecemos el pan de vida y el cáliz de bendición.

Mira con bondad la ofrenda de tu Iglesia, en la que se hace presente el sacrificio pascual de Cristo, que se nos ha confiado,

> *Segunda epíclesis. Invocación para que el Espíritu descienda sobre nosotros para que seamos miembros de Cristo.*

y concédenos, por la fuerza del Espíritu de tu amor, ser contados ahora y por siempre entre el número de los miembros de tu Hijo, cuyo Cuerpo y Sangre comulgamos.

> *Plegarias de intercesión. Oremos por los responsables y por todos los miembros de la Iglesia, para que seamos fieles al Evangelio y abiertos a todos los hombres, así como por los difuntos y para que todos seamos acogidos en el Reino de Dios, en unión con los santos.*

Vivifícanos con tu Espíritu, Padre omnipotente, por la participación en estos misterios, y haz que nos configuremos a imagen de tu Hijo; consolídanos en el vínculo de la comunión con nuestro papa N., y nuestro obispo N., con todos los obispos, presbíteros y diáconos, y todo tu pueblo.

Haz que todos los fieles de la Iglesia sepan discernir los signos de los tiempos a la luz de la fe y se consagren plenamente al servicio del Evangelio. Concédenos estar atentos a las necesidades de todos los hombres para que, participando en sus penas y angustias, en sus alegrías y esperanzas, les mostremos fielmente el anuncio de la salvación y con ellos avancemos en el camino de tu reino.

Acuérdate de nuestros hermanos [N. y N.], que se durmieron en la paz de Cristo y de todos los difuntos, cuya fe solo tú conociste: admítelos a contemplar la luz de tu rostro y dales la plenitud de la vida en la resurrección.

Y, terminada nuestra peregrinación por este mundo, concédenos, también, llegar a la morada eterna, donde viviremos siempre contigo y con santa María, la Virgen Madre de Dios, con los apóstoles y los mártires y, en comunión con todos los santos, te alabaremos y te glorificaremos por Jesucristo, Señor nuestro.

Aclamación final de alabanza.

Por Cristo, con él y en él, a ti, Dios Padre omnipotente, en la unidad del Espíritu Santo, todo honor y toda gloria por los siglos de los siglos.

Adhesión final de toda la asamblea.

Amén.

IV. Jesús, que pasó haciendo el bien

Diálogo inicial de invitación mutua a la alabanza y la acción de gracias.

El Señor esté con vosotros.
Y con tu espíritu.

Levantemos el corazón.
Lo tenemos levantado hacia el Señor.

Demos gracias al Señor, nuestro Dios.
Es justo y necesario.

Prefacio. Nuestra acción de gracias al Padre porque Jesucristo es modelo de amor sobre todo hacia los pobres y los débiles.

En verdad es justo y necesario, es nuestro deber y salvación, darte gracias siempre y en todo lugar, Padre misericordioso y Dios fiel. Porque nos diste como Señor y redentor nuestro a tu Hijo Jesucristo. Él siempre se mostró misericordioso para con los pequeños y los pobres, para con los enfermos y los pecadores, y se hizo cercano a los oprimidos y afligidos. Él anunció al mundo, con palabras y obras, que tú eres Padre y que cuidas de todos tus hijos.
Por eso, con los ángeles y todos los santos, te alabamos, te bendecimos, y cantamos el himno de tu gloria diciendo sin cesar:

Aclamación al Dios santo y fuente de todo bien, unidos a los coros celestiales y a todo el universo.

Santo, Santo, Santo es el Señor,
Dios del Universo.
Llenos están el cielo y la tierra de tu gloria.
Hosanna en el cielo.
Bendito el que viene en nombre del Señor.
Hosanna en el cielo.

> *Prosigue nuestra acción de gracias, porque Dios nos acompaña siempre, sobre todo por Jesucristo, que nos reúne como hizo con sus discípulos.*

Santo eres en verdad y digno de gloria, Dios que amas a los hombres, que siempre estás con ellos en el camino de la vida.
Bendito es, en verdad, tu Hijo, que está presente en medio de nosotros, cuando somos congregados por su amor,
y como hizo en otro tiempo con sus discípulos, nos explica las Escrituras y parte para nosotros el pan.

> *Epíclesis. Invocación para que el Espíritu descienda sobre el pan y el vino, para que sean para nosotros Cuerpo y Sangre de Jesucristo.*

Por eso te rogamos, Padre misericordioso, que envíes tu Espíritu Santo para que santifique estos dones de pan y vino, de manera que se conviertan para nosotros en el Cuerpo y la Sangre de Jesucristo, nuestro Señor.

> *Narración de la institución y consagración. El relato de la Última Cena y la repetición de las palabras*

de Jesús lo hacen presente en medio de nosotros con su Cuerpo y su Sangre.

El cual, la víspera de su pasión, en la noche de la Última Cena, tomó pan, te bendijo, lo partió y lo dio a sus discípulos, diciendo:

Tomad y comed todos de él,
porque esto es mi Cuerpo,
que será entregado por vosotros.

Del mismo modo, acabada la cena, tomó el cáliz, te dio gracias, y lo pasó a sus discípulos, diciendo:

Tomad y bebed todos de él,
porque este es el cáliz de mi Sangre,
Sangre de la alianza nueva y eterna,
que será derramada
por vosotros y por muchos
para el perdón de los pecados.

Haced esto en conmemoración mía.

Aclamación al Señor muerto y resucitado.

Este es el Sacramento de nuestra fe. (*O bien:* Este es el Misterio de la fe).

**Anunciamos tu muerte,
proclamamos tu resurrección.
¡Ven, Señor Jesús!**

O bien:

Aclamemos el Misterio de la fe.

**Cada vez que comemos de este pan
y bebemos de este cáliz,
anunciamos tu muerte, Señor,
hasta que vuelvas.**

O bien:

Proclamemos el Misterio de la fe.

**Sálvanos, Salvador del mundo,
que nos has liberado por tu cruz y resurrección.**

> *Memorial. Hacemos memoria de la donación de
> Jesucristo (su muerte y resurrección) y, mientras
> esperamos su retorno, ofrecemos estos dones en
> los que él renueva su entrega amorosa.*

Por eso, Padre santo, al celebrar el memorial de
Cristo, tu Hijo, nuestro Salvador, al que condujiste
por su pasión y muerte en cruz a la gloria de la resurrección y lo sentaste a tu derecha, anunciamos la
obra de tu amor hasta, que él venga, y te ofrecemos
el pan de vida y el cáliz de bendición.

Mira con bondad la ofrenda de tu Iglesia, en la que
se hace presente el sacrificio pascual de Cristo, que
se nos ha confiado,

> *Segunda epíclesis. Invocación para que el Espí-
> ritu descienda sobre nosotros para que seamos
> miembros de Cristo.*

y concédenos, por la fuerza del Espíritu de tu amor,
ser contados ahora y por siempre entre el número

de los miembros de tu Hijo, cuyo Cuerpo y Sangre comulgamos.

Plegarias de intercesión. Oremos para que sepamos estar atentos a los que sufren, para que la Iglesia sea fuente de esperanza, por los difuntos y para que todos seamos acogidos en el Reino de Dios, en unión con los santos.

Lleva a tu Iglesia, Señor, a la perfección en la fe y en la caridad, con nuestro papa N., y nuestro obispo N., con todos los obispos, presbíteros y diáconos, y todo el pueblo redimido por ti.

Abre nuestros ojos para que conozcamos las necesidades de los hermanos; inspíranos las palabras y las obras para confortar a los que están cansados y agobiados; haz que los sirvamos con sinceridad, siguiendo el ejemplo y el mandato de Cristo.

Que tu Iglesia sea un vivo testimonio de verdad y libertad, de paz y justicia, para que todos los hombres se animen con una nueva esperanza.

Acuérdate de nuestros hermanos [N. y N.], que se durmieron en la paz de Cristo y de todos los difuntos, cuya fe solo tú conociste: admítelos a contemplar la luz de tu rostro y dales la plenitud de la vida en la resurrección.

Y, terminada nuestra peregrinación por este mundo, concédenos, también, llegar a la morada eterna donde viviremos siempre contigo y con santa María, la Virgen Madre de Dios, con los apóstoles y los mártires y, en comunión con todos los santos, te alabaremos y te glorificaremos por Jesucristo, Señor nuestro.

Aclamación final de alabanza.

Por Cristo, con él y en él, a ti, Dios Padre omnipotente, en la unidad del Espíritu Santo, todo honor y toda gloria por los siglos de los siglos.

Adhesión final de toda la asamblea.

Amén.

PLEGARIAS EUCARÍSTICAS PARA LAS MISAS CON NIÑOS

1. El uso de estas plegarias eucarísticas debe tender siempre a que los niños se vayan introduciendo progresivamente en la participación activa y consciente en las misas habituales de toda la comunidad cristiana.

2. Por ello el uso de estas plegarias está limitado a las misas con niños, salvo siempre el derecho del obispo, que puede autorizarlas en aquellas misas en las que la presencia de los niños, sin ser exclusiva, es, con todo, muy relevante (cf. Directorio para las misas con niños, núm. 19). El uso de estas plegarias puede ser especialmente aconsejable en las misas de las catequesis, en las celebradas en las escuelas y, sobre todo, en las de primera comunión.

3. Esta finalidad de introducir a los niños en la celebración de toda la familia cristiana es la razón por la cual no conviene que se modifiquen en estas plegarias las expresiones más comunes, como son el diálogo del prefacio, el canto del Santo (salvo lo que se dice con referencia al Santo en la Plegaria I) y sobre todo las palabras de la consagración.

4. La participación más activa de los niños en la Eucaristía aconseja que, en algunas ocasiones, se aumente el número de las aclamaciones en el interior de la plegaria; con todo, hay que velar para que no se pierda en la celebración el carácter presidencial de la oración eucarística.

5. Para que los niños descubran con mayor facilidad que el sacerdote que preside la celebración representa a Jesucristo, no resulta ni pedagógico ni aconsejable en estas misas la conce-

lebración. Si, con todo, en algún caso concreto parece conveniente la concelebración, ha de velarse el modo especial en que los concelebrantes observen la norma de pronunciar la plegaria eucarística –sobre todo las palabras de la consagración– en voz secreta. Por esta misma razón es mejor no usar en estas misas la posibilidad –siempre facultativa– de distribuir entre los concelebrantes las diversas intercesiones.

En estas plegarias eucarísticas, a causa de su estructura marcada por distintas aclamaciones, no ponemos subtítulos explicativos.

Plegaria eucarística
para las misas con niños I

El Señor esté con vosotros.
Y con tu espíritu.

Levantemos el corazón.
Lo tenemos levantado hacia el Señor.

Demos gracias al Señor, nuestro Dios.
Es justo y necesario.

Dios y Padre nuestro, tú has querido que nos reunamos delante de ti para celebrar una fiesta contigo, para alabarte y para decirte lo mucho que te admiramos.

Te alabamos por todas las cosas bellas que has hecho en el mundo y por la alegría que has dado a nuestros corazones.

Te alabamos por la luz del sol y por tu Palabra que ilumina nuestras vidas.

Te damos gracias por esta tierra tan hermosa que nos has dado, por los hombres que la habitan y por habernos hecho el regalo de la vida.

De veras, Señor, tú nos amas, eres bueno y haces maravillas por nosotros.

Por eso todos juntos te cantamos:

Llenos están el cielo y la tierra de tu gloria. Hosanna en el cielo.

Tú, Señor, te preocupas siempre de nosotros y de todos los hombres y no quieres estar lejos de ellos.

Tú nos has enviado a Jesús, tu Hijo muy querido.

Él vino para salvarnos, curó a los enfermos, perdonó a los pecadores.

A todos les dijo que tú nos amas.

Se hizo amigo de los niños y los bendecía.

Por eso, Padre, te estamos agradecidos y te aclamamos:

Bendito el que viene en nombre del Señor. Hosanna en el cielo.

Pero no estamos solos para alabarte, Señor.

La Iglesia entera, que es tu pueblo, extendida por toda la tierra, canta tus alabanzas.

Nosotros nos unimos a su canto con el santo Padre,

el papa N., y nuestro obispo N.

También en el cielo la Virgen María, los apóstoles y los santos, te alaban sin cesar.

Con ellos y con todos los ángeles te cantamos el himno de tu gloria:

**Santo, Santo, Santo es el Señor,
Dios del universo.
Hosanna en el cielo.**

Padre santo, para mostrarte nuestro agradecimiento, hemos traído este pan y este vino;
haz que, por la fuerza de tu Espíritu, sean para nosotros el Cuerpo y la Sangre de Jesucristo, tu Hijo resucitado.

Así podremos ofrecerte, Padre santo, lo que tú mismo nos regalas.

Porque Jesús, un poco antes de su muerte, mientras cenaba con sus apóstoles, tomó pan de la mesa y, dándote gracias, te bendijo, lo partió y se lo dio, diciendo:

Tomad y comed todos de él,
porque esto es mi Cuerpo,
que será entregado por vosotros.

Del mismo modo, al terminar la cena, tomó el cáliz lleno de vino, y, dándote gracias de nuevo, lo pasó a sus amigos, diciendo:

Tomad y bebed todos de él,
porque este es el cáliz de mi Sangre,

Sangre de la alianza nueva y eterna,
que será derramada
por vosotros y por muchos
para el perdón de los pecados.

Y les dijo también:

Haced esto en conmemoración mía.
Padre santo, lo que Jesús nos mandó que hiciéramos, ahora lo cumplimos en esta Eucaristía: te ofrecemos el pan de la vida y el cáliz de la salvación, proclamando así la muerte y resurrección de tu Hijo. Él es quien nos conduce hacia ti; acéptanos a nosotros juntamente con él.

Cristo murió por nosotros.
Cristo ha resucitado.
Cristo vendrá de nuevo.
Te esperamos, Señor Jesús.

Padre, tú que tanto nos amas, deja que nos acerquemos a esta mesa santa para recibir el Cuerpo y la Sangre de tu Hijo, unidos como una sola familia en la alegría del Espíritu Santo.

A ti, Señor, que nunca olvidas a nadie, te pedimos por todas las personas que amamos
[en especial por N. y N.] y por todos los que han muerto en tu paz.

Acuérdate de todos los que sufren y viven tristes, de la gran familia de los cristianos
y de cuantos viven en este mundo.

Al ver todo lo que tú haces por medio de tu Hijo Jesús, nos quedamos admirados
y de nuevo te damos gracias y te bendecimos.

Por Cristo, con él y en él, a ti, Dios Padre omnipotente,
en la unidad del Espíritu Santo,
todo honor y toda gloria por los siglos de los siglos.

Amén.

Plegaria eucarística
para las misas con niños II

El Señor esté con vosotros.
Y con tu espíritu.

Levantemos el corazón.
Lo tenemos levantado hacia el Señor.

Demos gracias al Señor, nuestro Dios.
Es justo y necesario.

En verdad, Padre bueno, hoy estamos de fiesta: nuestro corazón está lleno de agradecimiento y con Jesús te cantamos nuestra alegría:

¡Gloria a ti, Señor, porque nos amas!

Tú nos amas tanto, que has hecho para nosotros este mundo inmenso y maravilloso. Por eso te aclamamos:

¡Gloria a ti, Señor, porque nos amas!

Tú nos amas tanto, que nos das a tu Hijo, Jesús, para que él nos acompañe hasta ti. Por eso te aclamamos:

¡Gloria a ti, Señor, porque nos amas!

Tú nos amas tanto, que nos reúnes con Jesús como a los hijos de una misma familia. Por eso te aclamamos:

¡Gloria a ti, Señor, porque nos amas!

Por ese amor tan grande queremos darte gracias y cantarte con los ángeles y los santos que te adoran en el cielo:

**Santo, Santo, Santo es el Señor,
Dios del Universo.
Llenos están el cielo y la tierra de tu gloria.
Hosanna en el cielo.
Bendito el que viene en nombre del Señor.
Hosanna en el cielo.**

Bendito sea Jesús, tu enviado, el amigo de los niños y de los pobres.

Él vino para enseñarnos cómo debemos amarte a ti y amarnos los unos a los otros.

Él vino para arrancar de nuestros corazones el mal que nos impide ser amigos y el odio que no nos deja ser felices.

Él ha prometido que su Espíritu Santo estará siempre con nosotros para que vivamos como verdaderos hijos tuyos.

Bendito el que viene en nombre del Señor. Hosanna en el cielo.

A ti, Dios y Padre nuestro, te pedimos que nos envíes tu Espíritu, para que este pan y este vino sean el Cuerpo y la Sangre de Jesucristo, nuestro Señor.

El mismo Jesús, poco antes de morir, nos dio la prueba de tu amor. Cuando estaba sentado a la mesa con sus discípulos, tomó el pan, dijo una oración para bendecirte y darte gracias, lo partió y lo dio a sus discípulos, diciéndoles:

Tomad y comed todos de él,
porque esto es mi Cuerpo,
que será entregado por vosotros.

¡Señor Jesús, tú te entregaste por nosotros!

Después, tomó el cáliz lleno de vino y, dándote gracias de nuevo, lo pasó a sus discípulos, diciendo:

Tomad y bebed todos de él,
porque este es el cáliz de mi Sangre,
Sangre de la alianza nueva y eterna,
que será derramada
por vosotros y por muchos
para el perdón de los pecados.

¡Señor Jesús, tú te entregaste por nosotros!

Y les dijo también:
Haced esto en conmemoración mía.

Por eso, Padre bueno, recordamos ahora la muerte y Resurrección de Jesús, el Salvador del mundo.

Él se ha puesto en nuestras manos para que te lo ofrezcamos como sacrificio nuestro y junto con él nos ofrezcamos a ti.

¡Gloria y alabanza a nuestro Dios!

O bien:

¡Te alabamos, te bendecimos, te damos gracias!

Escúchanos, Señor Dios nuestro; danos tu Espíritu de amor a los que participamos en esta comida, para que vivamos cada día más unidos en la Iglesia, con el santo Padre, el papa N., con nuestro obispo N., los demás obispos, y todos los que trabajan por tu pueblo.

¡Que todos seamos una sola familia para gloria tuya!

No te olvides de las personas que amamos ni de aquellas a las que debiéramos querer más.

Acuérdate también de los que ya murieron y recíbelos con amor en tu casa.

¡Que todos seamos una sola familia para gloria tuya!

Y un día, reúnenos cerca de ti con María, la Virgen,

Madre de Dios y Madre nuestra, para celebrar en tu reino la gran fiesta del cielo.

Entonces, todos los amigos de Jesús, nuestro Señor, podremos cantarte sin fin.

¡Que todos seamos una sola familia para gloria tuya!

Por Cristo, con él y en él, a ti, Dios Padre omnipotente, en la unidad del Espíritu Santo, todo honor y toda gloria por los siglos de los siglos.

Amén.

Plegaria eucarística para las misas con niños III

1. Tiempo de Adviento

El Señor esté con vosotros.
Y con tu espíritu.

Levantemos el corazón.
Lo tenemos levantado hacia el Señor.

Demos gracias al Señor, nuestro Dios.
Es justo y necesario.

Te damos gracias, Señor.

Tú nos has creado para que podamos conocerte, amarte y vivir siempre contigo.

Muchas veces has ofrecido a los hombres tu amistad y por medio de los profetas nos has enseñado a esperar en tus promesas.

Cuando llegó el tiempo, que tu pueblo había deseado tanto, nos mandaste a tu único Hijo como hermano mayor de nuestra familia, para que todos pudiéramos vivir como amigos tuyos.

Cuando él vuelva al fin del mundo nos invitará a la fiesta de la vida en la felicidad de su casa.

Por eso, Padre, estamos contentos y te damos gracias.

Nos unimos a todos los que creen en ti, y con los santos y los ángeles te cantamos con gozo:

**Santo, Santo, Santo es el Señor,
Dios del Universo.
Llenos están el cielo y la tierra de tu gloria.
Hosanna en el cielo.
Bendito el que viene en nombre del Señor.
Hosanna en el cielo.**

Señor, tú eres santo. Tú eres siempre bueno con nosotros y misericordioso con todos. Te damos gracias, sobre todo, por tu Hijo Jesucristo.

Él es tu Palabra que nos mantiene despiertos; y en las cosas pequeñas y en las grandes nos ayuda a descubrir las pruebas de tu amor y la alegría que viene de ti.

Él nos reúne ahora en torno a esta mesa, porque quiere que hagamos lo mismo que él hizo en la Última Cena.

Padre bueno, envía tu Espíritu para santificar este pan y este vino, de manera que sean el Cuerpo y la Sangre de tu Hijo Jesucristo.

Porque Jesús, antes de morir por nosotros, mientras estaba cenando por última vez con sus discípulos, tomó el pan, te dio gracias, lo partió y se lo dio, diciendo:

Tomad y comed todos de él,
porque esto es mi Cuerpo,
que será entregado por vosotros.

Del mismo modo, tomó el cáliz lleno de vino, te dio gracias de nuevo y lo pasó a sus discípulos, diciendo:

Tomad y bebed todos de él,
porque este es el cáliz de mi Sangre,
Sangre de la alianza nueva y eterna,
que será derramada
por vosotros y por muchos
para el perdón de los pecados.

Y les dijo también:

Haced esto en conmemoración mía.

Por eso, Padre santo, estamos reunidos delante de ti y recordamos llenos de alegría todo lo que Jesús hizo para salvarnos.

En este santo sacrificio, que él mismo entregó a la Iglesia, celebramos su muerte y su Resurrección.

Padre, que estás en el cielo, te pedimos que nos recibas a nosotros con tu Hijo querido.

Él aceptó libremente la muerte por nosotros, pero tú lo resucitaste.

Por eso, llenos de alegría, te cantamos:

Señor, tú eres bueno, te alabamos, te damos gracias.

Él vive ahora junto a ti y está también con nosotros.

Señor, tú eres bueno, te alabamos, te damos gracias.

Él vendrá lleno de gloria al fin del mundo y en su reino no habrá ya pobreza ni dolor, nadie estará triste, nadie tendrá que llorar.

Señor, tú eres bueno, te alabamos, te damos gracias.

Padre santo, tú nos has llamado a esta mesa, para que en la alegría del Espíritu Santo comamos el Cuerpo de tu Hijo.

Haz que este Pan de vida eterna nos dé fuerza y nos ayude a servirte cada día mejor.

Acuérdate, Señor, del santo Padre, el papa N., de nuestro obispo N., y de todos los obispos.

Da a tus hijos la gracia de hacerlo todo bien, incluso las cosas pequeñas de cada día, y de disponernos así para recibir a Jesús que se acerca.

Acuérdate también de nuestros hermanos que han muerto, admítelos a contemplar la luz de tu rostro; y concédenos que todos, un día, junto con Cristo, con María, la Madre de Jesús, y todos los santos, vivamos contigo en el cielo para siempre.

Por Cristo, con él y en él, a ti, Dios Padre omnipotente,

en la unidad del Espíritu Santo,

todo honor y toda gloria por los siglos de los siglos.

Amén.

2. Tiempo de Navidad

El Señor esté con vosotros.
Y con tu espíritu.

Levantemos el corazón.
Lo tenemos levantado hacia el Señor.

Demos gracias al Señor, nuestro Dios.
Es justo y necesario.

Te damos gracias, Señor, porque en tu amor creaste el mundo y no abandonaste en el mal a los hombres que habían pecado, sino que viniste a su encuentro.

Ahora nos has mandado a tu querido Hijo Jesús, como luz que resplandece en las tinieblas.

Él era rico y se hizo pobre por nosotros, para que nosotros fuéramos ricos con su amor.

Por eso, Padre, estamos contentos y te damos gracias.

Nos unimos a todos los que creen en ti, y con los santos y los ángeles te cantamos con gozo:

**Santo, Santo, Santo es el Señor,
Dios del Universo.**

**Llenos están el cielo y la tierra de tu gloria.
Hosanna en el cielo.
Bendito el que viene en nombre del Señor.
Hosanna en el cielo.**

Señor, tú eres santo. Tú eres siempre bueno con nosotros y misericordioso con todos. Te damos gracias, sobre todo, por tu Hijo Jesucristo.

Él es la verdadera luz del mundo, que ha venido a iluminar a todos los que lo buscan sinceramente.

Él es el Príncipe de la paz, que nos hace renacer como hijos de Dios, portadores de paz entre los hombres.

Él es Dios con nosotros, que quiere que experimentemos ya desde este mundo lo que será la alegría eterna del cielo.

Él nos reúne ahora en torno a esta mesa, porque quiere que hagamos lo mismo que él hizo en la Última Cena.

Padre bueno, envía tu Espíritu para santificar este pan y este vino, de manera que sean el Cuerpo y la Sangre de tu Hijo Jesucristo.

Porque Jesús, antes de morir por nosotros, mientras estaba cenando por última vez con sus discípulos, tomó el pan, te dio gracias, lo partió y se lo dio, diciendo:

Tomad y comed todos de él,
porque esto es mi Cuerpo,
que será entregado por vosotros.

Del mismo modo, tomó el cáliz lleno de vino, te dio gracias de nuevo y lo pasó a sus discípulos, diciendo:

Tomad y bebed todos de él,
porque este es el cáliz de mi Sangre,
Sangre de la alianza nueva y eterna,
que será derramada
por vosotros y por muchos
para el perdón de los pecados.

Y les dijo también:

Haced esto en conmemoración mía.

Por eso, Padre santo, estamos reunidos delante de ti y recordamos llenos de alegría todo lo que Jesús hizo para salvarnos.

En este santo sacrificio, que él mismo entregó a la Iglesia, celebramos su muerte y su Resurrección.

Padre, que estás en el cielo, te pedimos que nos recibas a nosotros con tu Hijo querido.

Él aceptó libremente la muerte por nosotros, pero tú lo resucitaste.

Por eso, llenos de alegría, te cantamos:

Señor, tú eres bueno, te alabamos, te damos gracias.

Él vive ahora junto a ti y está también con nosotros.

Señor, tú eres bueno, te alabamos, te damos gracias.

Él vendrá lleno de gloria al fin del mundo y en su reino no habrá ya pobreza ni dolor, nadie estará triste, nadie tendrá que llorar.

Señor, tú eres bueno, te alabamos, te damos gracias.

Padre santo, tú nos has llamado a esta mesa, para que en la alegría del Espíritu Santo comamos el Cuerpo de tu Hijo.

Haz que este Pan de vida eterna nos dé fuerza y nos ayude a servirte cada día mejor.

Acuérdate, Señor, del santo Padre, el papa N., de nuestro obispo N., y de todos los obispos.

Haz que tus hijos te den gloria en el cielo y trabajen para que haya paz en la tierra entre los hombres que tú amas.

Acuérdate también de nuestros hermanos que han muerto, admítelos a contemplar la luz de tu rostro; y concédenos que todos, un día, junto con Cristo, con María, la Madre de Jesús, y todos los santos, vivamos contigo en el cielo para siempre.

Por Cristo, con él y en él, a ti, Dios Padre omnipotente, en la unidad del Espíritu Santo, todo honor y toda gloria por los siglos de los siglos.

Amén.

3. Tiempo de Cuaresma

El Señor esté con vosotros.
Y con tu espíritu.

Levantemos el corazón.
Lo tenemos levantado hacia el Señor.

Demos gracias al Señor, nuestro Dios.
Es justo y necesario.

Te damos gracias, Señor, porque haces cosas maravillosas para darnos a conocer lo bueno que eres.

No solo a los buenos sino también a los malos les concedes días repletos de flores, de frutos y de muchas cosas buenas, para que las admiremos y juntos gocemos de ellas.

Como Padre bueno tienes paciencia con los que caen en el pecado y esperas que se conviertan y sean mejores.

Por eso, Padre, estamos contentos y te damos gracias.

Nos unimos a todos los que creen en ti, y con los santos y los ángeles te cantamos con gozo:

**Santo, Santo, Santo es el Señor,
Dios del Universo.
Llenos están el cielo y la tierra de tu gloria.**

Hosanna en el cielo.

Bendito el que viene en nombre del Señor. Hosanna en el cielo.

Señor, tú eres santo. Tú eres siempre bueno con nosotros y misericordioso con todos. Te damos gracias, sobre todo, por tu Hijo Jesucristo.

Él llama a todos los hombres para que se conviertan y crean en el Evangelio.

Ofreciendo su vida en la cruz nos ha librado del pecado y de la muerte y nos ha dado un corazón nuevo para que vivamos como él.

Él nos reúne ahora en torno a esta mesa, porque quiere que hagamos lo mismo que él hizo en la Última Cena.

Padre bueno, envía tu Espíritu para santificar este pan y este vino, de manera que sean el Cuerpo y la Sangre de tu Hijo Jesucristo.

Porque Jesús, antes de morir por nosotros, mientras estaba cenando por última vez con sus discípulos, tomó el pan, te dio gracias, lo partió y se lo dio, diciendo:

Tomad y comed todos de él,
porque esto es mi Cuerpo,
que será entregado por vosotros.

Del mismo modo, tomó el cáliz lleno de vino, te dio gracias de nuevo y lo pasó a sus discípulos, diciendo:

Tomad y bebed todos de él,
porque este es el cáliz de mi Sangre,
Sangre de la alianza nueva y eterna,
que será derramada
por vosotros y por muchos
para el perdón de los pecados.

Y les dijo también:

Haced esto en conmemoración mía.

Por eso, Padre santo, estamos reunidos delante de ti y recordamos llenos de alegría todo lo que Jesús hizo para salvarnos.

En este santo sacrificio, que él mismo entregó a la Iglesia, celebramos su muerte y su Resurrección.

Padre, que estás en el cielo, te pedimos que nos recibas a nosotros con tu Hijo querido.

Él aceptó libremente la muerte por nosotros, pero tú lo resucitaste.

Por eso, llenos de alegría, te cantamos:

Señor, tú eres bueno, te alabamos, te damos gracias.

Él vive ahora junto a ti y está también con nosotros.

Señor, tú eres bueno, te alabamos, te damos gracias.

Él vendrá lleno de gloria al fin del mundo y en su reino no habrá ya pobreza ni dolor, nadie estará triste, nadie tendrá que llorar.

Señor, tú eres bueno, te alabamos, te damos gracias.

Padre santo, tú nos has llamado a esta mesa, para que en la alegría del Espíritu Santo comamos el Cuerpo de tu Hijo.

Haz que este Pan de vida eterna nos dé fuerza y nos ayude a servirte cada día mejor.

Acuérdate, Señor, del santo Padre, el papa N., de nuestro obispo N., y de todos los obispos.

Concede a tus hijos la gracia de hacer cada día las cosas que a ti te gustan, para que así seamos luz del mundo y ejemplo de bondad ante todos nuestros hermanos.

Acuérdate también de nuestros hermanos que han muerto, admítelos a contemplar la luz de tu rostro; y concédenos que todos, un día, junto con Cristo, con María, la Madre de Jesús, y todos los santos, vivamos contigo en el cielo para siempre.

Por Cristo, con él y en él, a ti, Dios Padre omnipotente, en la unidad del Espíritu Santo, todo honor y toda gloria por los siglos de los siglos.

Amén.

4. Tiempo de Pascua

El Señor esté con vosotros.

Y con tu espíritu.

Levantemos el corazón.

Lo tenemos levantado hacia el Señor.

Demos gracias al Señor, nuestro Dios.

Es justo y necesario.

Te damos gracias, Señor, porque tú eres el Dios de los vivientes que nos llamas a la vida y quieres que gocemos de una felicidad eterna.

Tú has resucitado a Jesucristo de entre los muertos, el primero entre todos, y le has dado una vida nueva.

A nosotros nos has prometido lo mismo: una vida sin fin, sin penas ni dolores.

Por eso, Padre, estamos contentos y te damos gracias.

Nos unimos a todos los que creen en ti, y con los santos y los ángeles te cantamos con gozo:

**Santo, Santo, Santo es el Señor,
Dios del Universo.
Llenos están el cielo y la tierra de tu gloria.
Hosanna en el cielo.**

Bendito el que viene en nombre del Señor. Hosanna en el cielo.

Señor, tú eres santo. Tú eres siempre bueno con nosotros y misericordioso con todos. Te damos gracias, sobre todo, por tu Hijo Jesucristo.

Él nos anunció la vida que viviremos junto a ti en la luz y en la eternidad; nos enseñó también el camino de esa vida, camino que hay que andar en el amor y que él recorrió primero.

Él nos reúne ahora en torno a esta mesa, porque quiere que hagamos lo mismo que él hizo en la Última Cena.

Padre bueno, envía tu Espíritu para santificar este pan y este vino, de manera que sean el Cuerpo y la Sangre de tu Hijo Jesucristo.

Porque Jesús, antes de morir por nosotros, mientras estaba cenando por última vez con sus discípulos, tomó el pan, te dio gracias, lo partió y se lo dio, diciendo:

Tomad y comed todos de él,

porque esto es mi Cuerpo,

que será entregado por vosotros.

Del mismo modo, tomó el cáliz lleno de vino, te dio gracias de nuevo y lo pasó a sus discípulos, diciendo:

Tomad y bebed todos de él,
porque este es el cáliz de mi Sangre,

Sangre de la alianza nueva y eterna,
que será derramada
por vosotros y por muchos
para el perdón de los pecados.
Y les dijo también:
Haced esto en conmemoración mía.

Por eso, Padre santo, estamos reunidos delante de ti y recordamos llenos de alegría todo lo que Jesús hizo para salvarnos.

En este santo sacrificio, que él mismo entregó a la Iglesia, celebramos su muerte y su Resurrección.

Padre, que estás en el cielo, te pedimos que nos recibas a nosotros con tu Hijo querido.

Él aceptó libremente la muerte por nosotros, pero tú lo resucitaste.

Por eso, llenos de alegría, te cantamos:

Señor, tú eres bueno, te alabamos, te damos gracias.

Él vive ahora junto a ti y está también con nosotros.

Señor, tú eres bueno, te alabamos, te damos gracias.

Él vendrá lleno de gloria al fin del mundo y en su reino no habrá ya pobreza ni dolor, nadie estará triste, nadie tendrá que llorar.

Señor, tú eres bueno, te alabamos, te damos gracias.

Padre santo, tú nos has llamado a esta mesa, para que en la alegría del Espíritu Santo comamos el Cuerpo de tu Hijo.

Haz que este Pan de vida eterna nos dé fuerza y nos ayude a servirte cada día mejor.

Acuérdate, Señor, del santo Padre, el papa N., de nuestro obispo N., y de todos los obispos.

Llena los corazones de tus hijos con la alegría de la Pascua, para que la anuncien a todos los hombres que viven tristes.

Acuérdate también de nuestros hermanos que han muerto, admítelos a contemplar la luz de tu rostro; y concédenos que todos, un día, junto con Cristo, con María, la Madre de Jesús, y todos los santos, vivamos contigo en el cielo para siempre.

Por Cristo, con él y en él, a ti, Dios Padre omnipotente,

en la unidad del Espíritu Santo,

todo honor y toda gloria por los siglos de los siglos.

Amén.

5. Tiempo ordinario

El Señor esté con vosotros.
Y con tu espíritu.

Levantemos el corazón.
Lo tenemos levantado hacia el Señor.

Demos gracias al Señor, nuestro Dios.
Es justo y necesario.

Te damos gracias, Señor.

Tú nos has creado para que vivamos para ti y nos amemos los unos a los otros.

Tú quieres que nos miremos y dialoguemos como hermanos, de manera que podamos compartir las cosas buenas y también las difíciles.

Por eso, Padre, estamos contentos y te damos gracias.

Nos unimos a todos los que creen en ti, y con los santos y los ángeles te cantamos con gozo:

**Santo, Santo, Santo es el Señor,
Dios del Universo.
Llenos están el cielo y la tierra de tu gloria.
Hosanna en el cielo.
Bendito el que viene en nombre del Señor.
Hosanna en el cielo.**

Señor, tú eres santo. Tú eres siempre bueno con nosotros y misericordioso con todos. Te damos gracias, sobre todo, por tu Hijo Jesucristo.

Él quiso venir al mundo porque los hombres se habían separado de ti y no lograban entenderse.

Él nos abrió los ojos para que veamos que todos somos hermanos y que tú eres el Padre de todos.

Él nos reúne ahora en torno a esta mesa, porque quiere que hagamos lo mismo que él hizo en la Última Cena.

Padre bueno, envía tu Espíritu para santificar este pan y este vino, de manera que sean el Cuerpo y la Sangre de tu Hijo Jesucristo.

Porque Jesús, antes de morir por nosotros, mientras estaba cenando por última vez con sus discípulos, tomó el pan, te dio gracias, lo partió y se lo dio, diciendo:

Tomad y comed todos de él,
porque esto es mi Cuerpo,
que será entregado por vosotros.

Del mismo modo, tomó el cáliz lleno de vino, te dio gracias de nuevo y lo pasó a sus discípulos, diciendo:

Tomad y bebed todos de él,
porque este es el cáliz de mi Sangre,
Sangre de la alianza nueva y eterna,
que será derramada
por vosotros y por muchos
para el perdón de los pecados.

Y les dijo también:

Haced esto en conmemoración mía.

Por eso, Padre santo, estamos reunidos delante de ti y recordamos llenos de alegría todo lo que Jesús hizo para salvarnos.

En este santo sacrificio, que él mismo entregó a la Iglesia, celebramos su muerte y su Resurrección.

Padre, que estás en el cielo, te pedimos que nos recibas a nosotros con tu Hijo querido.

Él aceptó libremente la muerte por nosotros, pero tú lo resucitaste.

Por eso, llenos de alegría, te cantamos:

Señor, tú eres bueno, te alabamos, te damos gracias.

Él vive ahora junto a ti y está también con nosotros.

Señor, tú eres bueno, te alabamos, te damos gracias.

Él vendrá lleno de gloria al fin del mundo y en su reino no habrá ya pobreza ni dolor, nadie estará triste, nadie tendrá que llorar.

Señor, tú eres bueno, te alabamos, te damos gracias.

Padre santo, tú nos has llamado a esta mesa, para que en la alegría del Espíritu Santo comamos el Cuerpo de tu Hijo.

Haz que este Pan de vida eterna nos dé fuerza y nos ayude a servirte cada día mejor.

Acuérdate, Señor, del santo Padre, el papa N., de nuestro obispo N., y de todos los obispos.

Ayuda a todos los que creemos en Cristo, para que trabajemos por la paz del mundo y sepamos comunicar a los demás nuestra alegría.

Acuérdate también de nuestros hermanos que han muerto, admítelos a contemplar la luz de tu rostro; y concédenos que todos, un día, junto con Cristo, con María, la Madre de Jesús, y todos los santos, vivamos contigo en el cielo para siempre.

Por Cristo, con él y en él, a ti, Dios Padre omnipotente, en la unidad del Espíritu Santo, todo honor y toda gloria por los siglos de los siglos.

Amén.

TÍTULOS PUBLICADOS Y DISPONIBLES